BUKU MASAK RISOTTO GOURMET MUKTAMAD

100 RESIPI RISOTTO ITALI UNTUK MENGUASAI KEMAHIRAN MEMASAK ANDA

KHU HUI CHEOK

Hak cipta terpelihara.

Penafian

Maklumat yang terkandung dalam eBook ini bertujuan untuk berfungsi sebagai koleksi strategi yang komprehensif yang telah dilakukan oleh pengarang eBook ini. Ringkasan, strategi, petua dan helah hanya disyorkan oleh pengarang, dan membaca eBook ini tidak akan menjamin bahawa keputusan seseorang akan betul-betul mencerminkan hasil pengarang. Pengarang eBook telah melakukan segala usaha yang munasabah untuk menyediakan maklumat terkini dan tepat untuk pembaca eBook. Pengarang dan rakan-rakannya tidak akan bertanggungjawab atas sebarang kesilapan atau peninggalan yang tidak disengajakan yang mungkin ditemui. Bahan dalam eBook mungkin termasuk maklumat daripada pihak ketiga. Bahan pihak ketiga terdiri daripada pendapat yang dinyatakan oleh pemiliknya. Oleh itu, pengarang eBook tidak memikul tanggungjawab atau liabiliti untuk sebarang bahan atau pendapat pihak ketiga.

EBook adalah hak cipta © 2022 dengan semua hak terpelihara. Adalah menyalahi undang-undang untuk mengedar semula, menyalin atau mencipta karya terbitan daripada eBuku ini secara keseluruhan atau sebahagian. Tiada bahagian dalam laporan ini boleh diterbitkan semula atau dihantar semula dalam apa-apa pengeluaran semula atau dihantar semula dalam apa jua bentuk sekalipun tanpa kebenaran bertulis dan ditandatangani daripada pengarang.

ISI KANDUNGAN

ISI KANDUNGAN 3
PENGENALAN 7
CARNAROLI RISOTTO 9
    1. Risotto labu 10
    2. Risotto skuasy butternut 13
    3. Risotto sayuran musim bunga 16
    4. Bacon dan Tomato Risotto 19
ARBORIO RISOTTO 21
    5. Pea dan ham risotto 22
    6. Ham & asparagus risotto primavera 25
    7. Pancetta Risotto dengan Radicchio 28
    8. Sosej Risotto dengan Radicchio 31
    9. Risotto berangan dengan herba 34
    10. Risotto Ciao mein 37
    11. Risotto sosej Itali 40
    12. Risotto-oregon hazelnut-sosej 43
    13. Kaki anak lembu dengan risotto kunyit 46
    14. Daging lembu panggang & risotto kismis 49
    15. Risotto bolognese bakar 53
    16. Risotto dengan kaserol kambing 57
    17. Osso buco con risotto 61
    18. Isi daging lembu & risotto daun bawang 64
    19. Risotto Ayam dengan Kale 68
    20. Skuasy risotto dengan itik 71
    21. Risotto ayam dengan Parmesan 74
    22. Risotto barli dengan ayam 77
    23. Risotto nasi kotor 80
    24. Risotto hati itik 83
    25. Risotto sayur-sayuran 87
    26. Cheddar dan risotto bawang besar 90

27. Risotto ubi bit 93
28. Risotto courgette 96
29. Sayur risotto verde 99
30. Risotto Bawang Putih dengan Puyuh 102
31. Risotto articok 106
32. Risotto kunyit 109
33. Orzo risotto dengan cavolo nero 112
34. Campuran risotto Bulgur 115
35. Risotto sayur-sayuran musim gugur 117
36. Risotto adas dengan pistachio 121
37. Bayam & tauhu risotto 124
38. Madu dan risotto barli panggang 127
39. Risotto keledek herba 130
40. Risotto ketuhar gelombang mikro 133
41. Risotto Jepun dengan cendawan 136
42. Risotto balsamic 139
43. Risotto beri biru dengan boletus 142
44. Lobak merah dan brokoli risotto 145
45. Risotto Chanterelle 148
46. Porcini & risotto truffle 151
47. Risotto Puschlaver 154
48. Risotto dengan champagne 157
49. Risotto cendawan dengan pecorino 160
50. Risotto nasi liar & cendawan 163
51. Risotto cendawan & bayam 166
52. Kek Risotto Dengan Cendawan 169
53. Telur dan risotto taugeh 172
54. Tomato risotto & cendawan 175
55. Asparagus & risotto cendawan 179
56. Risotto dengan sayur-sayuran musim luruh 182
57. Risotto vegan 186
58. Risotto cendawan vegan 189
59. Risoto Ejaan dengan Cendawan 194
60. Courgette & Pea Risotto 197
61. Leek & parmesan risotto 200
62. Risotto kubis 203

63. Risotto Udang dengan Kerang 206
64. Risotto ketam dengan bayam dan kacang 209
65. Risotto Salmon Asap Panas 213
66. Risotto ketam mentega coklat 215
67. Risotto kerang 218
68. Risotto kerang 222
69. Risotto udang gaya Cajun 226
70. Kek ketam & risotto bawang hijau 229
71. Ikan salmon risotto 234
72. Risotto kerang 238
73. Risotto ikan rosemary panggang 241
74. Risotto mullet kelabu 244
75. Risotto udang galah kari 247
76. Risotto dengan daging ketam 251
77. Risotto udang 254
78. Risotto dengan cumi 258
79. Risotto monkfish dengan kunyit 262
80. Risotto marinara 265
81. Risotto scampi 268
82. Bakar risotto jagung keju 271
83. Risotto Iotian 274
84. Risotto couscous dengan pecorino 277
85. Risotto milanese 280
86. Tiga risotto keju 283
87. Jalapeño risotto dengan keju jack 286
88. Daun bawang dan risotto mascarpone 289
89. Risotto walnut pesto 292
90. Risotto lapan herba 295
91. Risotto wain putih berkilauan 298
92. Risotto epal 301
93. Lempeng risotto strawberi 304
94. Risotto labu dan epal 307
95. Risotto berperisa oren 311
96. Pic & kismis risotto 314
97. Risotto sitrus 317

VIALONE NANO 320
98. Risotto dengan Empat Keju 321

BALDO RISOTTO 324
99. Risotto Cendawan-Asparagus 325
100. Risotto Bayam & Cendawan Bermusim 329

KESIMPULAN 333

PENGENALAN

Mengapa Nasi Sangat Penting dalam Risotto

Risotto, pada asasnya, adalah nasi yang dimasak dalam sup. Beras adalah bintang di sini kerana ia menghasilkan kanji — kacau berterusan semasa proses memasak menggosok kanji dari permukaan beras, di mana ia larut ke dalam dan memekatkan cecair memasak. Memilih nasi yang tidak mempunyai kanji yang mencukupi bermakna bahawa tekstur berkrim ciri khas risotto yang baik tidak akan dapat dicapai.

Jadi apa yang menjadikan nasi risotto yang baik? Cari beras yang bersaiz pendek hingga sederhana, gemuk dan mempunyai kandungan amilopektin (kanji) yang tinggi. Nasi jenis ini juga tahan dengan pengadukan yang berterusan - tekstur akhir lembut, tetapi mempunyai sedikit kunyahan di tengah setiap biji.

Jenis Nasi Risotto

A. **Carnaroli:** Digelar "raja" atau "kaviar" nasi risotto, tukang masak suka menggunakan yang ini untuk rasa yang hebat dan kerana setiap bijirin mengekalkan bentuknya. Ia juga menghasilkan risotto paling berkrim dan lebih pemaaf untuk memasak.

B. **Arborio:** Pelbagai beras ini tidak berkanji seperti carnaroli, tetapi ia adalah yang paling banyak didapati. Nasi bijirin sederhana ini boleh menjadi mudah untuk terlalu masak atau menjadi lembek, tetapi dengan perhatian yang teliti, masih boleh membuat risotto yang hebat.

C. **Vialone Nano:** Tberas bijirinnya yang lebih pendek ditanam di wilayah Veneto di Itali dan tidak boleh ditanam dengan bahan kimia. Ia mempunyai kandungan kanji yang tinggi, masak lebih cepat daripada carnaroli, dan menghasilkan risotto yang sangat berkrim.

D. **Baldo:** Beras Baldo ialah beras montok, giling, bijirin pendek yang ditanam di Turki. Bijirinnya berkanji dan boleh menyerap banyak lembapan, menjadikannya sangat berkrim dan lembut, dan mengekalkan bentuknya dengan baik apabila dimasak. Nasi Baldo ialah pilihan yang bagus untuk risotto, paella dan pilaf Turki.

E. **Cal riso:** Ini adalah beras bijirin sederhana. Setelah masak, ia menjadi sedikit lembut dan melekit, menjadikannya sesuai untuk hidangan di mana bijirin perlu disimpan, seperti sushi, sup atau salad. Beras Calrose juga mempunyai rasa yang sangat lembut, bermakna ia boleh menyerap sebarang bahan berani, seperti herba dan rempah ratus, dengan mudah

F. **Maratelli:** Beras Maratelli adalah varieti yang dipilih secara semula jadi dari ladang Asigliano Vercellese di barat laut Itali. Ia adalah varieti masak awal dan merupakan sebahagian daripada kumpulan beras 'separa halus'.

CARNAROLI RISOTTO

1. Risotto labu

Hidangan 4

bahan-bahan:

- 75g (3oz) Pancetta yang dipotong tebal atau daging asap bergaris berkualiti tinggi, dikiub
- 1 bawang bersaiz sederhana, dicincang
- 500g (1 paun 2 oz) labu oren masak atau labu butternut, dikupas, dibiji dan dicincang
- garam laut dan lada hitam yang baru dikisar
- 400g (14oz) beras Carnaroli
- 1.2 liter (2 pain) kira-kira stok sayur atau ayam, disimpan dengan api kecil
- segenggam pasli segar yang dicincang halus
- 1 sudu teh jus lemon atau cuka wain putih
- 2 sudu besar mentega tanpa garam
- 3 sudu besar parut keju Grana Padano yang baru diparut

Arah:

a) Goreng Pancetta perlahan-lahan dalam periuk besar berdasar berat sehingga lemak habis, kemudian masukkan bawang dan goreng sehingga lembut.

b) Masukkan labu dan masak perlahan-lahan dengan bawang dan Pancetta sehingga lembut dan lembik.

c) Masukkan beras dan bakar dengan teliti pada semua sisi, kemudian mula masukkan stok, kacau dan biarkan nasi menyerap cecair, tambah lagi stok, perasakan secukup rasa, dan apabila nasi telah menyerap cecair, tambah lagi.

d) Teruskan dengan cara ini sehingga nasi empuk dan semua bijirin menjadi gebu dan masak.

e) Masukkan pasli, jus lemon atau cuka, mentega dan Grana Padano, keluarkan dari api dan tutup.

f) Biarkan selama tiga minit, kemudian kacau lagi dan pindahkan ke pinggan yang telah dipanaskan. Hidangkan sekali gus.

2. Risotto skuasy butternut

Hidangan 4

bahan-bahan:

- 1 bawang kecil, dicincang
- minyak zaitun
- butternut squash atau labu 250g, dikupas dan dipotong dadu
- beras carnaroli 200g
- stok sayur atau ayam 800ml, panas
- sage beberapa daun, dicincang
- parmesan atau grana padano parut untuk membuat 2 sudu besar, untuk dihidangkan

Arah:

a) Goreng bawang perlahan-lahan dalam 1 sudu besar minyak dalam kuali atau tumis kuali sehingga lembut tetapi tidak keperangan. Masukkan labu dan beras dan kacau selama beberapa saat untuk menyaluti bijirin dengan minyak.

b) Masukkan beberapa senduk stok dan biarkan mendidih. Masak, kacau, sehingga hampir semua stok diserap.

c) Masukkan baki stok sedikit demi sedikit, masak sehingga setiap penambahan diserap sebelum menambah seterusnya, sehingga labu lembut dan nasi berkrim tetapi masih al dente.

d) Kacau dalam sage dan perasakan dengan baik. Bahagikan risotto antara mangkuk dan taburkan dengan keju untuk dihidangkan.

3. Risotto sayuran musim bunga

Hidangan 4

bahan-bahan:

- 1 atau 2 biji bawang besar, dicincang
- 2 kuntum sangat kecil brokoli segar yang tumbuh, dicincang kasar
- segenggam kecil kacang hijau halus
- 50g (2oz) mentega tanpa garam
- 350g (12 oz) beras Carnaroli
- 2 atau 3 lobak merah bayi, dicincang
- 1.2 liter (2 pain) stok sayur atau ayam ringan
- 2 atau 3 labu kuning muda, lembut
- garam laut dan lada yang baru dikisar
- 3 hingga 4 sudu besar kacang polong segar, dibumbui
- 3 sudu besar parut keju Grana Padano yang baru diparut

Arah:

a) Tumis sayur-sayuran bersama-sama dengan sangat lembut dan berhati-hati selama kira-kira 8 hingga 10 minit dengan 2/3 mentega.

b) Masukkan nasi dan kacau hingga salut dengan mentega dan sayur-sayuran.

c) Perasakan, kemudian mula masukkan stok panas, kacau sentiasa untuk mengelakkan melekat.

d) Nasi akan mengambil masa 20 minit untuk masak dari masa anda mula menambah cecair.

e) Keluarkan dari api.

f) Laraskan perasa, kacau dalam baki mentega dan Grana Padano yang baru diparut.

g) Tutup dan rehatkan selama 2 minit, kemudian kacau lagi dan pindahkan ke atas pinggan yang telah dipanaskan untuk dihidangkan dengan segera.

4. Bacon dan Tomato Risotto

Hidangan 2

bahan-bahan:

- minyak untuk menggoreng
- bawang besar 1, dicincang halus
- bawang putih 1 ulas, ditumbuk
- bacon 4 ruam belakang, dicincang halus
- carnaroli 200g
- stok ayam segar, dibuat sehingga 1 liter
- tomato ceri 12, tanggalkan tangkai jika anda suka

Arah:

a) Panaskan sedikit minyak dalam kuali yang luas dan goreng bawang perlahan-lahan selama beberapa minit sehingga lembut, masukkan bawang putih dan separuh daging dan goreng semuanya bersama.

b) Masukkan beras dan kacau rata dan kemudian masukkan stok beberapa sudu pada satu masa, kacau setiap lot sehingga ia diserap sepenuhnya dan risotto berkrim tetapi masih mengekalkan sedikit gigitan (anda mungkin tidak perlu menggunakan semua stok).

c) Sementara itu, panaskan kuali lain dengan sedikit minyak dan masak baki bacon bersama tomato di atas api yang tinggi sehingga keperangan. Sudukan di atas risotto untuk dihidangkan.

ARBORIO RISOTTO

5. Risotto kacang dan ham

Hidangan 4

bahan-bahan:

- ham hock tanpa asap 1kg
- lobak merah, bawang dan batang saderi 1 setiap satu, dicincang
- sejambak garni 1
- lada hitam 1 sudu teh

Risotto

- pasli daun rata tandan kecil, daun dan tangkai dicincang
- mentega 2 sudu besar
- minyak zaitun 2 sudu besar
- bawang besar 1 biji, potong dadu
- bawang putih 2 ulas, ditumbuk
- nasi risotto 300g
- wain putih 150ml
- kacang pis beku 400g
- parmesan 50g, parut

Arah:

a) Basuh hock dan masukkan ke dalam kuali besar dengan stok yang tinggal serta tangkai pasli dari risotto.

b) Tutup dengan air yang baru direbus dan reneh, ditutup, selama 3-4 jam, kurangkan sebarang kekotoran yang naik ke permukaan dan tambahkan jika perlu, sehingga daging hilang dari tulang. Keluarkan hock dari cecair dan sejukkan sedikit.

c) Tapis dan rasakan stok (perlu ada 1.5 liter) - ia mestilah agak masin dengan banyak rasa. Tuangkan ke dalam kuali dengan api perlahan.

d) Panaskan 1 sudu besar mentega dan minyak dalam kuali dengan api sederhana. Goreng bawang selama 10 minit sehingga lembut. Masukkan bawang putih, goreng selama 1 minit kemudian masukkan beras dan masak selama 2-3 minit untuk membakar nasi.

e) Tuangkan wain dan buih sehingga hampir habis, kemudian masukkan stok, senduk pada satu masa, kacau selalu selama 20-25 minit atau sehingga nasi lembut dan berkrim.

f) Keluarkan kulit dari ham hock, carik daging dan buang tulang.

g) Kacau sebahagian besar ham dan semua kacang ke dalam risotto. Kacau sehingga kacang empuk. Keluarkan dari api, masukkan parmesan dan baki mentega, tutup dan rehatkan selama 10 minit.

h) Taburkan dengan baki ham, sedikit minyak dan pasli.

6. Ham & asparagus risotto primavera

Hidangan 6

bahan-bahan:

- ham hock asap 1, direndam semalaman jika perlu
- lobak merah 1
- mentega tanpa garam 100g, dipotong dadu
- bawang besar 3 sederhana, 2 dihiris halus
- bawang putih 2 ulas
- thyme setangkai, dicincang halus
- nasi risotto 200g
- barli mutiara 200g
- kacang polong 150g
- kacang lebar 150g, double pod jika suka
- lembing asparagus 6, dihiris pada sudut
- daun bawang 4, dihiris pada sudut
- kacang hijau 20, potong panjang pendek
- mascarpone 100g
- parmesan 85g, parut

Arah:

a) Masukkan ham hock ke dalam periuk yang penuh dengan air bersih dan sejuk bersama lobak merah dan bawang separuh.

b) Biarkan mendidih dan masak selama $2\frac{1}{2}$ jam, perlahan-lahan permukaannya sekali-kali. Tambah kuali dengan air jika perlu.

c) Cairkan mentega dalam kuali berat dan masukkan bawang besar, bawang putih dan thyme. Masak sehingga empuk tetapi tidak berwarna.

d) Masukkan beras dan barli mutiara dan masak selama beberapa minit sehingga disalut mentega. Masukkan stok dari ham dan sayur-sayuran secara beransur-ansur, kacau.

e) Selepas kira-kira 15-20 minit mengacau dan mereneh anda akan menggunakan hampir semua stok. Rasa risotto anda dan jika anda berpuas hati dengan teksturnya, keluarkan risotto dari dapur tetapi simpan rapat.

f) Didihkan periuk air dan rebus semua sayuran hijau selain daripada daun bawang selama 30 saat. Toskan dan masukkan ke dalam risotto.

g) Letakkan risotto semula di atas api sederhana dan kacau dalam sayur-sayuran, daun bawang dan ham dan biarkan semuanya panas dan perasakan. Masukkan mascarpone dan parmesan parut dan hidangkan.

7. Pancetta Risotto dengan Radicchio

Hidangan 2

bahan-bahan:

- mentega 25g
- minyak zaitun 2 sudu besar
- bawang merah 4, dihiris halus
- pancetta salai 75g, dipotong dadu
- radicchio 1, kira-kira 225g
- nasi risotto 225g
- stok ayam 500-600ml
- pancetta 4-6 keping, dihiris nipis
- crème fraîche penuh lemak 2 sudu besar
- parmesan 25-50g, parut halus

Arah:

a) Cairkan mentega dan minyak zaitun dalam hidangan kaserol kecil. Masukkan bawang merah dan goreng perlahan-lahan sehingga lembut. Masukkan pancetta yang dipotong dadu dan teruskan masak, kacau, sehingga hampir garing. Sementara itu, potong bahagian atas radicchio dan carik. Potong separuh bahagian bawah menjadi kepingan nipis, potong akar tetapi tinggalkan secukupnya untuk memegang baji bersama-sama.

b) Masukkan nasi ke dalam kuali, kacau cepat selama satu atau dua minit, kemudian masukkan radicchio yang dicincang dan senduk stok. Masak dengan api kecil, kacau dari semasa ke semasa, tambah lebih banyak stok kerana ia diserap.

c) Sementara itu, panaskan kuali griddle besi tuang dan masak hirisan radicchio di kedua-dua belah supaya ia sedikit hangus. Angkat dan ketepikan.

d) Panaskan kuali dan goreng hirisan pancetta sehingga lemak bertukar keemasan. Keluarkan dari kuali dan ketepikan - ia akan menjadi garing.

e) Apabila nasi hampir masak tetapi masih mempunyai gigitan yang baik (kira-kira 20 minit), semak perasa, tutup api, masukkan crème fraîche dan mentega tambahan, kacau rata, letakkan penutup pada kaserol dan biarkan selama 5 minit. Sejurus sebelum dihidangkan, kacau dalam baji radicchio panggang arang.

f) Hiaskan setiap pinggan dengan pancetta dan parmesan yang segar.

8. Sosej Risotto dengan Radicchio

Hidangan 4

bahan-bahan:

- sosej pedas 175g (sebaik-baiknya Itali, boleh didapati daripada delicatessens)
- minyak zaitun 6 sudu besar
- bawang besar 1 kecil, dicincang halus
- bawang putih 2 ulas, dicincang halus
- beras arborio 200g
- Wain merah Itali 500ml
- stok ayam 500ml
- radicchio 1 kepala kecil (kira-kira 175g), dipotong dan dihiris
- mentega 25g
- parmesan 30g, ditambah lagi untuk dihidangkan

Arah:

a) Kupas sosej kemudian potong menjadi kepingan, kira-kira saiz walnut, dan gulungkannya menjadi bebola. Panaskan minyak zaitun dalam kuali yang lebar dan berat, masukkan sosej dan perangkannya dengan baik.

b) Masukkan bawang dan masak sehingga ia hanya lembut. Masukkan bawang putih, masak selama 1 minit, masukkan beras dan kacau untuk menyaluti dalam jus. Masukkan wain sedikit demi sedikit, kacau berterusan dan hanya tambah lagi apabila lot terakhir telah diserap.

c) Sekarang masukkan stok, senduk pada satu masa, kacau berterusan. Ia akan mengambil masa kira-kira 25 minit untuk mengacau semuanya. Selepas kira-kira 15 minit, masukkan radicchio dan kacau.

d) Rasa sebelum perasa, masukkan mentega dan parmesan, kemudian hidangkan dengan sedikit tambahan parmesan di sebelah.

9. Risotto berangan dengan herba

Hasil: 6 Hidangan

bahan-bahan

- 500 gram buah berangan
- 400 gram Beras
- 150 gram sosej
- 1 Bawang Besar
- 2 sudu besar Krim Tunggal
- 20 gram Mentega
- 70 gram Keju Parmesan; Parut
- Daun Bay
- Cengkih
- Stok Atau Stok Cube
- garam

Arah:

a) Kupas buah berangan dan rebus dalam air masin yang mengandungi sehelai daun bay dan beberapa ulas.

b) Apabila ia telah masak dengan baik, keluarkan dari dapur dan keluarkan kulit bahagian dalam.

c) Ketepikan 15 buah berangan yang paling cantik rupanya dan gosokkan yang lain melalui ayak. Perangkan bawang besar yang dihiris halus dalam sedikit mentega, dan masukkan puri chestnut, krim dan nasi. Masak risotto, menggunakan stok panas.

d) Ambil kuali kecil dan perangkan sosej yang hancur dalam mentega yang tinggal selama beberapa minit. Masukkan keseluruhan buah berangan yang telah diketepikan, kecilkan api ke tetapan paling rendah dan reneh seketika.

e) Apabila nasi sudah siap, perasakan dengan keju parmesan, susun dalam bentuk cincin pada hidangan hidangan bulat, dan letakkan sosej dan buah berangan penuh dengan sosnya di tengah.

10. Risotto Ciao mein

Hasil: 12 Hidangan

bahan-bahan:

- 3 cawan wain putih
- 7 auns Prosciutto; ham
- 4 sudu besar Mentega; masin
- 1 secubit Safron
- 1 sudu teh Garam
- 7 auns keju Romano
- $\frac{1}{2}$ cawan bawang kuning
- 1 sudu teh Bawang Putih; dicincang
- 2 paun Beras; Risotto
- 3 auns cendawan Porcini; dikeringkan
- 8 cawan stok ayam
- 1 tangkai pasli Itali; dicincang

Arah:

a) Kurangkan wain dengan kunyit untuk mendapatkan rasa dan warna daripada kunyit. Mengetepikan.

b) Rendam cendawan porcini kering dalam ½ liter air suam. longkang. Simpan cecair dan potong dadu cendawan.

c) Tumis bawang dan cendawan, masukkan nasi risotto, sup ayam dan masukkan campuran wain.

d) Didihkan dan bakar dalam ketuhar 350 darjah selama 10 minit. Sapukan pada kuali untuk menyejukkan.

e) Ambil satu bahagian dan tambah sedikit stok untuk panaskan dan hidangkan. Hiaskan dengan pasli Itali cincang.

11. Risotto sosej Itali

Hasil: 4 Hidangan

Bahan

- ¾ paun pautan sosej Itali; potong 1 inci
- 14½ auns sup daging
- 2 auns Pimiento; toskan, potong dadu
- 1 cawan nasi yang belum dimasak
- ¼ sudu teh serbuk bawang putih
- ⅛ sudu teh Lada
- 9 auns brokoli potong beku; dicairkan
- 2 sudu besar keju Parmesan; parut

Arah:

a) Masak sosej dalam kuali besar di atas api sederhana tinggi selama 3 hingga 5 minit atau sehingga keperangan, kacau sekali-sekala; longkang.

b) Masukkan sup daging lembu, pimiento, beras, serbuk bawang putih dan lada sulah. Biarkan mendidih. Kurangkan haba kepada rendah; tutup dan reneh 10 minit.

c) Kacau dalam brokoli; penutup. Reneh lagi 10 minit atau sehingga cecair diserap dan brokoli lembut, kacau sekali-sekala.

d) Taburkan dengan keju Parmesan. 4 (1-$\frac{1}{4}$ cawan) hidangan.

12. Risotto-oregon hazelnut-sosej

Hasil: 6 Hidangan

Bahan

- 5 sosej Jerman atau Itali (1 1/2 lbs.)
- $1\frac{1}{2}$ cawan bawang merah, dicincang kasar
- 2 sudu besar Mentega
- 1 lada hijau dihiris kasar
- 1 lada merah dihiris kasar
- 2 Pisang; dihiris
- $\frac{3}{4}$ cawan hazelnut Oregon separuh
- $\frac{1}{2}$ cawan kismis atau kismis
- 4 cawan nasi masak
- Garam dan lada sulah secukup rasa
- 3 telur masak keras; disaring
- pasli cincang halus
- basil cincang halus
- Daun kucai dicincang halus

Arah:

a) Perangkan sosej dalam kuali besar atau kuali elektrik. Toskan sosej dan potong ketul. Cairkan mentega dalam kuali dan masukkan bawang cincang.

b) Tutup dan masak sehingga bawang hampir tidak empuk. Masukkan lada dan tumis, sehingga hampir tidak empuk. Masukkan nasi, sosej dan garam serta lada sulah dengan garfu hingga panas.

c) Masukkan kismis, pisang dan hazelnut Oregon dan gaulkan bersama-sama. Perasakan secukup rasa. Hidangkan di atas pinggan yang dipanaskan.

d) Teratas dengan campuran telur dan herba yang telah diayak.

13. Kaki anak lembu dengan risotto kunyit

Hasil: 4 hidangan

Bahan

- 1 Bawang besar, dihiris halus
- 2 Ulas Bawang Putih, dihiris
- 3 auns lobak merah, dipotong dadu kecil
- 3 auns Saderi, dipotong dadu kecil
- 2 auns daun bawang, dipotong dadu kecil
- 4 keping kaki anak lembu
- garam
- Lada
- tepung
- 2 auns Mentega
- 1 sudu besar Tomato Puree
- 1 cawan wain, merah
- 1 cawan wain, putih
- 2 biji tomato, dihiris
- $1\frac{1}{4}$ cawan Sup Daging, mengikut keperluan

- ½ lemon, kupas parut
- ½ sudu teh Biji Caraway, dicincang
- 2 sudu besar pasli, dicincang
- 2 ulas bawang putih, ditekan

Arah:

a) Perasakan kaki anak lembu, masukkan tepung dan salutkan pada kedua-dua belah bahagian dengan baik.

b) Panaskan mentega dan goreng kaki anak lembu berwarna perang di kedua-dua belah.

c) Masukkan bawang besar dan satu ulas bawang putih dan tumis seminit.

d) Masukkan pes tomato dan wain dan renehkan untuk mengurangkan sedikit.

e) Masukkan tomato; isi dengan sup dan tutup dan reneh selama $1\frac{1}{2}$ jam.

f) Masukkan kulit limau parut, biji jintan, pasli dan baki bawang putih selepas 1 jam memasak.

g) Hidangkan bersama kunyit

14. Daging lembu panggang & risotto kismis

Hasil: 4 hidangan

bahan-bahan:

- 1 paun pusingan atas
- 2 sudu besar minyak zaitun
- 1 sudu besar pati emeril
- 1 sudu besar minyak zaitun
- 1 cawan bawang kuning julienned
- 2 sudu besar bawang merah kisar
- 1 sudu besar bawang putih kisar
- 2½ cawan beras arborio
- 2 cawan pengurangan daging lembu
- ¼ cawan wain merah
- ⅓ cawan marsala kering
- 8 cawan stok daging
- ½ cawan lada hijau panggang julienned
- ½ cawan lada merah panggang julienned
- ½ cawan lada kuning panggang julienned

- ½ cawan keju romano
- ½ cawan kismis emas
- 1 garam
- 1 lada hitam yang baru dikisar
- 1 sudu besar lada merah yang dihiris halus
- 1 sudu besar lada kuning dihiris halus
- 2 sudu besar bawang hijau dicincang
- 3 auns blok keju romano
- 3 biji bawang hijau panggang

Arah:

a) Panaskan panggangan. Perasakan bahagian atas dengan minyak zaitun dan Emeril's Essence. Letakkan di atas panggangan. Bakar selama 3 hingga 4 minit pada setiap sisi untuk medium-rare. Untuk risotto: Dalam kuali tumis, panaskan minyak zaitun.

b) Apabila kuali berasap panas, masukkan bawang besar, bawang merah dan bawang putih. Tumis sayur selama 1 minit. Menggunakan senduk kayu, kacau nasi, tumis selama 1 minit. Semasa kacau sentiasa, tambahkan pengurangan daging lembu, wain, Marsala, dan stok daging, satu cawan pada satu masa.

c) Masak risotto selama 10 hingga 12 minit, kacau sentiasa. Masukkan lada, keju dan kismis. Perasakan dengan garam dan lada sulah. Keluarkan bulat dari panggangan dan potong pada berat sebelah ke dalam bahagian 2-auns.

d) Untuk memasang, letakkan risotto di tengah pinggan. Kipas daging di sekeliling risotto.

e) Hiaskan dengan lada, bawang hijau panggang, dan dengan pengupas, potong hirisan nipis keju di bahagian atas risotto.

15. Risotto bolognese bakar

Hidangan 6

bahan-bahan:

- daging lembu cincang 300g
- cendawan chestnut 200g, dibelah empat
- cendawan porcini kering 15g
- stok daging lembu 750ml, panas
- minyak zaitun 2 sudu besar
- bawang besar 1, dicincang halus
- bawang putih 1 ulas, dicincang halus
- beras arborio 200g
- passata 200ml
- puri tomato 1 sudu besar
- Sos Worcestershire beberapa sengkang
- garam saderi 1 sudu teh
- oregano kering 1 sudu teh
- mozzarella 2 biji bola, potong dadu
- parmesan 30g, parut halus

Arah:

a) Panaskan ketuhar kepada 200C/kipas 180C/gas 6. Sapukan cendawan cincang dan berangan di atas dulang pembakar tidak melekat.

b) Masak selama 20-25 minit, kacau sekali-sekala sehingga kisar menjadi perang dan cendawan telah mengambil sedikit warna dan cecair yang berlebihan telah sejat.

c) Sementara itu, masukkan cendawan kering ke dalam mangkuk dan tuangkan lebih 150ml stok panas.

d) Panaskan minyak zaitun dalam kaserol cetek atau kuali kalis ketuhar dalam dan masak bawang sehingga lembut. Masukkan bawang putih, masak seminit kemudian masukkan beras dan kacau minyak dan bawang besar sehingga bersalut sepenuhnya.

e) Tapis minuman keras cendawan (tinggalkan sebarang pasir). Cincang cendawan yang direndam dan kacau, kemudian masukkan minuman keras cendawan secara beransur-ansur, kacau semasa anda pergi. Masukkan baki stok daging lembu satu senduk pada satu masa, tambah lagi apabila senduk sebelumnya telah diserap, sehingga nasi hampir masak.

f) Masukkan passata kemudian masukkan daging lembu cincang panggang, cendawan, tomato puree dan sos Worcestershire, garam saderi dan oregano.

g) Biarkan mendidih, tambah sedikit lagi air jika kelihatan kering. Kacau dalam ¾ mozzarella. Taburkan selebihnya di atas dengan parmesan. Masukkan ke dalam ketuhar selama 25 minit, tidak bertutup, sehingga keemasan dan menggelegak.

16. Risotto dengan kaserol kambing

Hasil: 8 hidangan

bahan-bahan:

- 2½ paun Kaki kambing, dipotong dadu
- Minyak zaitun
- ¼ sudu teh Setiap satu, kering: rosemary,
- Thyme dan lada putih
- Garam secukup rasa
- 4½ cawan sup sayur-sayuran
- ½ sudu teh benang kunyit
- 1½ cawan beras Arborio
- 1½ cawan wain putih kering
- 10 tombak asparagus bayi, kukus
- ½ cawan Keju Parmesan yang baru diparut
- 1½ cawan tomato, dicincang

Sup sayur

- ¾ cawan Setiap satu, dicincang: bawang, saderi,
- Lobak merah dan cendawan

- 4½ cawan Air

Arah:

a) Panaskan ketuhar hingga 250 darjah. Goreng ringan dan cepat kambing yang dipotong dadu dalam ⅓ cawan minyak zaitun dalam kuali dengan api yang tinggi. Jangan biarkan daging masak di dalam. Keluarkan kambing dengan sudu berlubang serta-merta dan masukkan ke dalam kaserol 3 qt yang telah disalut dengan semburan sayuran.

b) Masukkan thyme, rosemary dan lada ke dalam kaserol dan toskan dengan daging; perasakan dengan garam.

c) Tutup kaserol dengan penutup atau sekeping aluminium foil dan bakar 30 minit. Kambing harus sangat lembut.

d) Apabila kaserol masuk ke dalam ketuhar, panaskan semula sup dengan benang kunyit (untuk melembutkan) dengan api sederhana; ketepikan.

e) Panaskan 2 sudu besar minyak zaitun dalam periuk di atas api sederhana; masukkan nasi dan tumis 2 hingga 3 minit. Masukkan 3 cawan air rebusan panas ke dalam nasi dan kacau rata. Reneh nasi, kacau sekali-sekala, sehingga ia mula mempunyai tekstur berkrim.

f) Untuk melakukan ini, tambah wain dan baki sup, sedikit demi sedikit, kacau sehingga cecair hampir diserap sebelum menambah lagi. Proses ini mengambil masa kira-kira 20 hingga 25 minit. Jangan terlalu masak; nasi harus kekal padat sedikit.

g) Kacau perlahan-lahan dalam asparagus dan Parmesan. Sudukan nasi dalam lapisan atas kambing dan hiaskan dengan tomato cincang.

h) KUDU SAYUR: Reneh sayur cincang dalam air selama 1 jam. Tapis sup dan gunakan seperti yang diarahkan.

17. Osso buco con risotto

Hasil: 1 Hidangan

Bahan

- 2 batang anak lembu
- 1 cawan beras Arborio
- 2 cawan Merlot
- 1 sudu teh kulit lemon
- 1 cawan stok ayam atau anak lembu
- $\frac{1}{2}$ cawan bawang cincang
- 1 ulas bawang putih dihiris
- $\frac{1}{2}$ cawan minyak zaitun extra virgin
- 1 cawan kacang polong segar
- 1 lobak merah dicincang sederhana
- $\frac{1}{2}$ sudu teh Pala

Arah:

a) Tumis beal shank bersama bawang merah, bawang putih, lobak merah, minyak zaitun. Apabila elok dan perang, masukkan ke dalam ketuhar 500 darjah selama 20 minit.

b) Keluarkan dari ketuhar, letakkan di atas dapur pada suhu sederhana dan masukkan nasi. Tumis selama 25 minit sambil menambah wain dan stok, sentiasa kacau. Masukkan kulit limau, kacang polong, garam dan lada sulah secukup rasa.

c) Masukkan pala dan masukkan ke dalam ketuhar selama 15 minit.

18. Isi daging lembu & risotto daun bawang

Hasil: 2 hidangan

bahan-bahan:

- 2 8 oz daging lembu fillet
- 50 gram beras Arborio
- 100 gram pasli segar
- ½ daun bawang kecil
- 2 auns puding hitam
- 40 gram Keju wedmore salai
- 20 gram pasli
- 1 isi tin ikan bilis
- 1 sudu besar kacang Pine; dibakar
- 2 ulas bawang putih; dicincang
- ½ bawang merah; dicincang
- ½ botol wain merah
- 500 mililiter Stok daging lembu segar
- ½ lobak merah; dicincang kecil
- ½ lada merah; dicincang kecil

- 15 gram pasli daun rata
- Cuka balsamic
- Mentega
- Minyak zaitun dara
- Garam batu dan lada hitam yang baru dikisar

Arah:

a) Mula-mula buat risotto yang digoreng separuh bawang dan bawang putih dalam kuali tumis dengan sedikit mentega dan masak selama kira-kira 30 saat tanpa pewarna.

b) Kemudian masukkan beras dan masak lagi 30 saat kemudian masukkan 250ml stok dan biarkan mendidih. Potong daun bawang menjadi dadu kecil dan masukkan ke dalam kuali dan reneh selama kira-kira 13 minit untuk memasak nasi.

c) Untuk membuat pesto yang perlu agak pekat masukkan pasli, ulas bawang putih, ikan bilis, kacang pain dan sedikit minyak zaitun ke dalam pengisar dan puri ke pesto dan biarkan di sebelah.

d) Kemudian panaskan satu kuali tumis dan perasakan fillet dan tutup dalam kuali perasa dengan sedikit minyak. Deglaze kuali dengan wain merah dan stok, biarkan mendidih dan perlahan-lahan reneh selama 5 minit dan kemudian keluarkan stik. Besarkan api dan kecilkan sehingga pekat sedikit, habiskan sos dengan tombol mentega dan perasa.

e) Untuk menghidangkan, masukkan puding hitam yang telah dikupas dan dipotong dadu ke dalam risotto dan keju salai, pasli rata yang dicincang dan perasakan dengan baik. Letakkan ini di tengah-tengah setiap pinggan dengan stik di bahagian atas.

f) Teratas dengan satu sudu pesto pasli dan hidangkan bersama sos di sekeliling tepi dan taburkan dengan sayur-sayuran yang dipotong dadu kecil.

19. Risotto Ayam dengan Kale

Hidangan 6

bahan-bahan:

- mentega 2 sudu besar
- minyak rapeseed 1 sudu besar
- paha ayam 6
- tepung biasa 2 sudu besar
- cokmar dikisar ½ sudu teh
- bawang besar 2, potong dadu
- bawang putih 2 ulas, ditumbuk
- barli mutiara 300g
- stok ayam 1.2l
- kacang buncis berbuih 350g (dua bubur jika suka)
- kangkung 30g, cincang kasar
- lemon 1, diperah dan diperah
- crème fraîche 75g + 6 sudu besar
- paprika salai manis beberapa picit

Arah:

a) Panaskan separuh mentega dan minyak dalam kaserol atau kuali. Masukkan peha ayam ke dalam tepung dan cokmar yang dikisar hingga bersalut, kemudian goreng dengan api sederhana hingga perang keemasan dan garing di kedua-dua belah.

b) Angkat ke atas pinggan, dan masukkan bawang besar, bawang putih dan sudu terakhir mentega ke dalam kuali, dan goreng sehingga lembut.

c) Apabila bawang benar-benar lembut, kembalikan peha ayam dengan sebarang jus, barli dan stok. Reneh perlahan-lahan selama kira-kira 40 minit, kacau sekali-sekala, sehingga barli hampir lembut dan kebanyakan stok diserap. Jika ia benar-benar kering semasa memasak, tambahkan lebih banyak stok.

d) Kacau kacang lebar, kangkung, jus lemon dan kulit dan perasa ke dalam barli, kecilkan api dan tutup dengan penutup atau lembaran penaik. Sementara itu, kulit paha ayam dan carik daging dari tulang menggunakan beberapa garpu. Kacau ayam kembali ke dalam barli dengan 75g crème fraîche dan periksa kacang dan barli kedua-duanya lembut.

e) Sudukan barli ke dalam 6 mangkuk hidangan cetek. Atas setiap satu dengan satu sudu lagi crème fraîche berbintik-bintik dengan secubit paprika dan taburan dengan kulit limau.

20. Risotto skuasy dengan itik

Hasil: 4 hidangan

bahan-bahan

- 1 labu acorn besar
- 2 sudu besar minyak zaitun
- 2 sudu besar bawang merah cincang
- 2 cawan beras arborio
- 3 cawan stok itik
- 1 cawan daging itik yang dimasak; potong 1 keping
- 1 sudu besar sage segar yang dicincang
- 1 sudu besar mentega
- 2 sudu besar krim kental
- $\frac{1}{4}$ cawan parut keju parmesan segar
- 1 garam; untuk rasa
- 1 lada hitam yang baru dikisar; untuk rasa

Arah:

a) Panaskan ketuhar hingga 400 darjah. Belah labu separuh di tengah, buang bijinya.

b) Griskan loyang dengan 1 sudu teh minyak zaitun, dan letakkan labu, potong bahagian bawah pada loyang.

c) Bakar selama 20 minit, atau sehingga empuk. Biarkan sejuk, kemudian kupas dan potong daging menjadi kiub 1 inci.

d) Dalam periuk sos panaskan baki minyak, masukkan bawang merah, dan masak selama 3 minit.

e) Masukkan nasi, dan tumis, kacau selama 1 minit. Masukkan stok, 1 sudu teh garam, dan secubit lada sulah, dan biarkan mendidih.

f) Kecilkan api kepada sederhana dan reneh sehingga nasi lembut kira-kira 18 minit.

g) Lipat dalam skuasy, itik, bijak, krim, keju, dan mentega, dan reneh selama 2 hingga 3 minit.

21. Risotto ayam dengan Parmesan

Hidangan 4

bahan-bahan:

- minyak zaitun 1 sudu besar
- bacon salai atau kiub pancetta 100g
- mentega 2 sudu besar
- bawang besar 1 biji dihiris halus
- paha ayam tanpa kulit dan tanpa tulang 4-6, dibelah empat
- stok ayam 1.5 liter
- bawang putih 2 ulas, ditumbuk
- nasi risotto 300g
- wain putih kering 150ml
- parmesan 50g, parut halus
- pasli daun rata ½ tandan kecil, dicincang halus

Arah:

a) Panaskan minyak dalam kuali yang dalam dan lebar di atas api sederhana tinggi dan goreng bacon selama 5-6 minit sehingga keemasan dan garing.

b) Angkat ke dalam pinggan. Kecilkan api ke sederhana dan tambah 1 sudu mentega ke dalam kuali, campurkan dengan lemak bacon dan minyak, dan masukkan bawang. Goreng selama 10-15 minit sehingga sangat lembut dan lut sinar.

c) Kacau dalam kepingan ayam, dan goreng selama 6-8 minit lagi sehingga hangus semua dan bertukar sedikit keemasan. Masukkan bawang putih dan goreng seminit lagi.

d) Semasa ayam dan bawang masak, masukkan stok ke dalam periuk besar dan biarkan mendidih perlahan, kemudian kecilkan api dan panaskan di belakang dapur. Taburkan nasi ke atas ayam, dan kacau untuk menyalut nasi dalam minyak dan mentega. Masak selama 2-3 minit, kemudian tuangkan wain.

e) Kacau sehingga kebanyakannya meresap, kemudian masukkan stok panas, senduk pada satu masa, kacau berterusan. Tunggu sehingga setiap senduk stok telah diserap sebelum menambah yang seterusnya.

f) Teruskan menambah stok sehingga nasi lembut dengan sedikit gigitan, kira-kira 20 minit.

g) Keluarkan risotto dari api, dan masukkan parmesan, bacon masak, pasli, dan baki 1 sudu mentega.

h) Tutup dan rehatkan selama 5 minit sebelum dihidangkan.

22. Risotto barli dengan ayam

Hasil: 6 Hidangan

bahan-bahan

- 1 sudu besar minyak zaitun
- ¾ cawan lobak merah; dipotong dadu
- 2 sudu besar selasih segar; dicincang
- ¾ cawan Saderi; dicincang
- ¾ cawan bawang hijau; dicincang
- ½ sudu teh Garam
- ¼ sudu teh Lada
- 1 paun dada ayam tanpa tulang tanpa kulit
- ½ paun paha ayam tanpa tulang tanpa kulit
- 1¾ cawan barli mutiara; kira-kira 12 auns
- 5 cawan air rebusan ayam
- ⅓ cawan pasli; dicincang
- ¼ cawan keju Parmesan segar; parut

Arah:

a) Potong daging ayam dalam jalur $\frac{1}{4}$ inci.

b) Panaskan minyak dalam ketuhar Belanda dengan api sederhana tinggi. Tambah lobak merah dan selasih; tumis 1 minit. Tambah saderi, bawang hijau dan bawang; tumis 1 minit. Tambah garam, lada, dan ayam; tumis 5 minit. Tambah barli; tumis 1 minit.

c) Tambah sup; masak sehingga mendidih. Tutup, kecilkan api, dan reneh selama 40 minit.

d) Keluarkan dari haba. Masukkan pasli dan keju.

23. Risotto nasi kotor

Hasil: 1

bahan-bahan

- Leher dan sayap itik atau ayam
- Gizzards dan jantung; mencincang
- Minyak zaitun
- $\frac{1}{2}$ bawang; mencincang
- 1 rusuk saderi; hirisan
- 1 lada merah; mencincang
- 1 sudu besar Bawang Putih; cincang
- 1 cawan nasi popcorn
- 2 cawan Stok; atau sebanyak yang diperlukan
- Garam dan lada
- 1 tandan bawang hijau; mencincang

Arah:

a) Tumis leher dan sayap itik dalam kuali dalam minyak. Tambah gizzards dan hati. Tumis dengan bawang, saderi, lada, bawang putih dan nasi; kacau sentiasa.

b) Tumis nasi selama 20 saat, masukkan 1 cawan stok dan kacau sentiasa sehingga meresap.

c) Masukkan 1 cawan lagi stok dan kacau sehingga meresap. Teruskan masukkan stok, jika perlu sehingga nasi masak. Perasakan dengan garam dan lada sulah.

d) Selesai dengan bawang hijau.

24. Risotto hati itik

Hasil: 1 hidangan

bahan-bahan:

- 30 gram biji pain
- Hati daripada 2 ekor itik
- susu; untuk berendam
- Garam dan lada hitam yang dikisar
- 1 Bawang besar
- 2 ulas lemak bawang putih
- 5 sudu besar minyak zaitun extra virgin
- 225 gram beras Arborio atau risotto
- Benang safron picit yang baik
- 1 lada kuning
- $1\frac{1}{8}$ liter stok itik
- 4 Batang oregano atau marjoram emas
- 24 buah zaitun hijau; (24 hingga 30)
- 15 gram mentega tanpa garam
- 2 sudu makan Madeira

- 2 sudu besar kucai segar; dicincang

Arah:

a) Bakar biji pain di bawah panggangan panas atau dalam kuali kering sehingga keemasan.

b) Potong hati, keluarkan sebarang serpihan hijau. rendam dalam sedikit susu selama 15 minit untuk menghilangkan sebarang kesan pahit. Bilas dalam air sejuk dan keringkan. Potong separuh dan perasakan sedikit.

c) Kupas dan cincang halus bawang. Kupas dan hancurkan bawang putih. Panaskan minyak zaitun dalam kuali besar atau kuali risotto, masukkan bawang besar dan bawang putih dan masak sehingga lembut.

d) Masukkan beras dan kunyit. Kacau rata sehingga nasi bersalut sempurna dan menyerap minyak. Perasakan dengan ringan.

e) Potong lada separuh, keluarkan inti, biji dan membran. Potong halus daging. Tambah ke kuali.

f) Tambah separuh stok sedikit demi sedikit. Didihkan. Kecilkan api hingga mendidih perlahan dan masak sehingga nasi hampir masak. Teruskan menambah sedikit lagi stok, goncangkan kuali dengan kerap.

g) Potong daun dari oregano atau marjoram dan potong. Masukkan ke dalam kuali dengan buah zaitun dan tomato kering selepas nasi telah masak selama 10 minit. Tambah biji pain panggang selepas 2 atau 3 minit lagi.

h) Cairkan mentega dalam kuali panas. Goreng hati dengan pantas di semua sisi dengan kerap berpusing. Pastikan ia telah masak tetapi masih agak merah jambu di tengah. Masukkan Madeira ke dalam kuali dan kikis sebarang sisa daging ke dalamnya.

i) Perasakan risotto secukup rasa dan masukkan daun kucai yang dihiris.

j) Hidangkan risotto dengan hati bertimbun di atasnya. Sudukan jus hati dan biarkan ia sebati ke dalam nasi.

25. Risotto sayur-sayuran

Hidangan 2

bahan-bahan:

- stok sayuran 900ml
- asparagus 125g, lembing dipotong 2-3 keping
- mentega 25g
- minyak zaitun 1 sudu besar
- bawang besar 1, dicincang halus
- nasi risotto 150g
- kacang pea (segar atau beku) 75g
- bayam bayi 50g, dicincang
- pecorino 40g, parut halus, ditambah tambahan untuk dihidangkan
- daun kucai dicincang untuk dijadikan 1 sudu besar
- pudina dicincang untuk dijadikan 1 sudu besar
- lemon 1, diperah

Arah:

a) Panaskan stok dalam kuali hingga mendidih. Rebus asparagus dalam stok selama 30 saat kemudian cedok dengan sudu berlubang dan toskan.

b) Cairkan satu tombol mentega dengan minyak zaitun dalam kuali yang besar dan dalam kemudian masak bawang selama 8-10 minit atau sehingga lembut. Masukkan beras dan terus masak dan kacau selama beberapa minit sehingga nasi berkilat.

c) Masukkan stok satu sudu pada satu masa, kacau, sehingga nasi hanya lembut (ia sepatutnya ada gigitan tetapi tidak berkapur sama sekali). Masukkan semua sayuran, termasuk asparagus yang dicelur, dan masak selama 1 minit.

d) Kacau dalam baki mentega, pecorino, herba dan kulit limau, musim dan letakkan di atas tudung. Biarkan di atas api selama 3 minit kemudian hidangkan dalam mangkuk hangat dengan keju tambahan, jika anda suka.

26. Cheddar dan risotto bawang besar

Hidangan 2

bahan-bahan:

- mentega 25g
- bawang besar 6, dicincang
- nasi risotto 150g
- wain putih percikan (pilihan)
- stok sayur atau ayam 750ml
- Dijon mustard ½ sudu teh
- cheddar matang 100g, parut
- TOMATO BALSAMIK
- minyak zaitun 1 sudu besar
- tomato ceri 100g
- cuka balsamic hujan renyai-renyai
- basil sekumpulan kecil, dicincang

Arah:

a) Cairkan mentega dalam kuali cetek lebar. Masak bawang besar selama 4-5 minit atau sehingga lembut. Masukkan nasi dan masak, kacau, selama beberapa minit. Tambah wain, jika menggunakan, dan gelembung sehingga diserap.

b) Masukkan stok secara beransur-ansur sedikit demi sedikit, sekali lagi tunggu sehingga ia diserap sebelum menambah lagi. Ulang sehingga nasi berkrim, buih dan lembut (anda mungkin tidak perlu menggunakan semua stok, atau anda mungkin perlu menambah percikan lagi jika adunan terlalu pekat).

c) Sementara itu, panaskan minyak zaitun dalam kuali kecil yang berasingan di atas api sederhana besar dan masak tomato dengan banyak perasa sehingga ia mula pecah.

d) Kacau mustard dan keju ke dalam risotto, dan perasakan dengan lada dan sedikit garam jika perlu. Sudukan ke dalam mangkuk suam dan tutup dengan tomato, sedikit balsamic dan sedikit selasih.

27. Risotto ubi bit

Hidangan 4

bahan-bahan:

- mentega 50g
- bawang besar 1, dicincang halus
- nasi risotto 250g
- wain putih 150ml
- stok sayuran 1 liter, panas
- ubi bit siap masak pek 300g
- lemon 1, diperah dan dijus
- pasli daun rata sekumpulan kecil, dicincang kasar
- keju kambing lembut 125g
- walnut segenggam, dibakar dan dicincang

Arah:

a) Cairkan mentega dalam kuali dan masak bawang dengan sedikit perasa selama 10 minit sehingga lembut. Masukkan nasi dan kacau sehingga setiap biji bersalut, kemudian tuangkan wain dan buih selama 5 minit.

b) Masukkan stok satu sudu pada satu masa, sambil kacau, hanya tambah lagi apabila kumpulan sebelumnya telah diserap.

c) Sementara itu, ambil 1/2 ubi bit dan pukul dalam pengisar kecil sehingga halus, dan potong selebihnya.

d) Setelah nasi masak, kacau melalui ubi bit yang dicincang dan dicincang, kulit limau dan jus, dan kebanyakan pasli. Bahagikan antara pinggan dan bahagian atas dengan keju kambing yang hancur, walnut dan pasli yang tinggal.

28. Risotto courgette

Hidangan 2-3

bahan-bahan:

- stok sayur atau ayam 900ml
- mentega 30g
- baby courgettes 200g (kira-kira 5-6), dihiris tebal pada pepenjuru
- minyak zaitun 2 sudu besar
- bawang merah 1 panjang atau 2 bulat, dicincang halus
- bawang putih 1 ulas, ditumbuk
- nasi risotto 150g
- wain putih kering segelas kecil
- pudina segenggam daun, dicincang
- lemon $\frac{1}{2}$, diperah dan dijus
- parmesan 30g, parut halus, ditambah tambahan untuk dihidangkan

Arah:

a) Simpan stok dalam kuali dengan api kecil.

b) Cairkan separuh mentega dalam kuali yang dalam dan lebar. Goreng zucchini dengan sedikit perasa di kedua-dua belah sehingga kekuningan sedikit. Angkat dan toskan di atas kertas dapur. Lapkan kuali.

c) Panaskan 2 sudu besar minyak zaitun dalam kuali yang sama, kemudian masak perlahan-lahan bawang merah dan bawang putih selama 6-8 minit atau sehingga mula lembut. Masukkan nasi dan panaskan selama seminit.

d) Tuangkan wain dan gelembung, kacau sehingga ia menguap. Masukkan stok satu sudu pada satu masa, membenarkan cecair diserap sebelum menambah lebih banyak. Teruskan masukkan stok sehingga nasi empuk dan tinggal sedikit gigitan.

e) Kacau dalam courgettes dan biarkan mereka panas selama satu minit. Masukkan pudina dan kacau ke dalam nasi dengan jus lemon dan kulit, parmesan, baki mentega dan senduk terakhir stok. Risotto mestilah berkrim dan berbuih agak keras, jadi tambahkan stok tambahan dengan sewajarnya.

f) Letakkan tudung dan biarkan selama beberapa minit, kemudian hidangkan dalam mangkuk hangat dengan keju tambahan, jika anda suka.

29. Sayur risotto verde

Hidangan 6

bahan-bahan:

- minyak zaitun
- bawang besar 1/2, dihiris halus
- saderi 1 batang, potong dadu halus
- nasi risotto 400g
- wain putih 125ml
- stok ayam 1 liter, panas
- bayam 100g
- kacang lebar 75g, dicelur dan dibumbui
- kacang pis beku 75g
- parmesan 50g, parut halus
- crème fraîche 3 sudu besar
- limau nipis 1, diperah dan perahan jus
- selada mikro untuk dihidangkan

Arah:

a) Panaskan 3 sudu besar minyak dalam kuali dan masukkan bawang besar dan saderi bersama sedikit garam. Goreng selama 5 minit sehingga lut sinar. Masukkan beras risotto dan kacau rata, pastikan setiap bijirin disalut minyak.

b) Tuangkan wain dan biarkan ia menggelegak sehingga hampir kesemuanya sejat. Masukkan stok satu senduk pada satu masa, kacau sentiasa, tambah lebih banyak stok hanya apabila senduk terakhir telah diserap.

c) Dalam pemproses makanan masukkan bayam dan 2 sudu besar air panas dan kisar menjadi puri. Setelah nasi hampir masak, kacau puri, kacang lebar dan kacang polong. Masak selama 5 minit lagi, kacau selalu.

d) Setelah nasi dan sayur-sayuran masak, kacau dengan parmesan, crème fraîche, kulit limau dan jus, perasakan dan atas dengan selada mikro.

30. Risotto Bawang Putih dengan Puyuh

Hidangan 4

bahan-bahan:

- celeriac 1/2 kecil, potong dadu 1cm
- minyak zaitun
- bawang putih 1 mentol, ulas dikupas
- rosemary 1 tangkai
- bawang merah 1, dihiris halus
- daun bawang 1, dihiris halus
- daun thyme 1 sudu teh
- mentega 100g
- nasi risotto 400g
- minyak sayuran
- stok ayam 1.5 liter
- Keju Pecorino 80g, parut halus
- pasli daun rata segenggam kecil, dicincang
- puyuh 4, dibersihkan dan spatchcocked

Arah:

a) Panaskan ketuhar kepada 180C/kipas 160C/gas 4. Letakkan celeriac yang dipotong dadu di atas dulang pembakar. Perasakan dan taburkan dengan sedikit minyak sayuran. Panggang selama 15 minit, atau sehingga lembut dan perang.

b) Sementara itu, masukkan bawang putih, rosemary, dan 100ml minyak zaitun ke dalam kuali kecil (supaya bawang putih tenggelam, tambah lebih banyak minyak jika perlu) dan panaskan perlahan-lahan selama 10 minit, atau sehingga bawang putih lembut dan sedikit keemasan.

c) Angkat, dan sejukkan minyak. Anda boleh menggunakan sisa minyak bawang putih untuk memasak, tetapi simpan di dalam peti sejuk dan gunakan dalam masa seminggu.

d) Goreng bawang merah, daun bawang dan thyme dengan 50g mentega dan 50ml minyak zaitun. musim. Bila sayur dah empuk masukkan beras dan kacau hingga semua biji bersalut.

e) Panaskan perlahan-lahan selama 1 minit untuk memecahkan nasi (ini membolehkan penyerapan lebih mudah).

f) Masukkan 500ml stok ke dalam risotto dan kacau sehingga semuanya diserap. Ulang lagi 2 kali. Ini akan mengambil masa kira-kira 20 minit. Tambahkan lebih banyak stok jika perlu, untuk mendapatkan konsistensi berkrim.

g) Padamkan api apabila nasi empuk, masukkan celeriac, baki mentega, keju dan pasli, dan perasakan. Tutup dengan tudung dan biarkan berehat.

h) Hidupkan ketuhar sehingga 200C/kipas 180C/gas 6. Panaskan kuali griddle dengan api sederhana. Minyak dan perasakan puyuh, kemudian letakkan kulit burung di atas wajan selama 4 minit sehingga keemasan dan hangus.

i) Balikkan dan masak selama 2 minit lagi. Pindahkan ke dalam dulang pembakar, dan panggang selama 10-15 minit sehingga masak dan jusnya menjadi jelas. Rehat selama 2 minit di bawah foil. Bahagikan risotto antara pinggan hangat.

j) Potong puyuh separuh di sepanjang punggungnya dan letakkan di atas risotto. Menggunakan bahagian belakang pisau labu bawang putih confit dan taburkannya.

31. Risotto articok

Hasil: 1 Hidangan

Bahan

- 2 articok glob
- 2 sudu besar Mentega
- 1 Lemon
- 2 sudu besar minyak zaitun
- 1 cendawan Portobello
- 2½ cawan sup ayam; atau yang lain
- 1 Bawang kecil; cincang
- 1 cawan wain putih kering
- 2 ulas bawang putih; cincang
- Garam dan lada; untuk rasa
- 1 cawan beras Arborio
- ½ cawan keju Parmesan; parut
- 1 sudu besar pasli; cincang

Arah:

a) Perah ½ lemon ke dalam mangkuk kecil dan tambah air secukupnya untuk menutup articok.

b) Potong cendawan di bahagian empat.

c) Hiris cendawan dengan sangat sangat nipis.

d) Kacau dalam articok yang disimpan, cendawan yang dihiris dan pasli.

e) Ketuhar gelombang mikro.

32. Risotto kunyit

Hidangan 4

bahan-bahan:

- mentega 100g, sejuk dan potong dadu
- bawang besar 1 kecil, dicincang halus
- stok ayam 1.25 liter
- beras arborio 200g
- wain putih kering 75ml
- kunyit ½ sudu teh (cari benang panjang yang berkualiti)
- parmesan 75g, parut halus
- lada putih yang dikisar
- daun kucai segenggam dihiris

Arah:

a) Cairkan 50g mentega dalam kuali yang berasaskan berat, dalam, bertutup, kemudian masak perlahan-lahan bawang selama 10 minit sehingga lembut tetapi tidak berwarna.

b) Didihkan stok dalam kuali lain, kemudian kecilkan api hingga mendidih.

c) Masukkan nasi ke dalam mentega dan masak, kacau, selama 3-4 minit untuk menyalut nasi dan membakar bijirin.

Tuangkan wain kemudian gelembung sehingga ia telah diserap sepenuhnya sebelum kacau dalam kunyit.

d) Masukkan stok satu atau dua sudu pada satu masa, kacau nasi dari bahagian bawah kuali semasa anda pergi. Apabila setiap senduk stok telah diserap, masukkan senduk seterusnya.

e) Teruskan ini selama kira-kira 15 minit. Risotto sedia apabila bijirin lembut dan telah hilang sebarang kapur, tetapi masih ada sedikit gigitan (anda mungkin tidak memerlukan semua stok).

f) Pukul dalam baki mentega dan parmesan, dan perasakan dengan lada putih. Letakkan tudung dan biarkan risotto selama 2 minit, kemudian hidangkan dalam mangkuk hangat dengan taburan daun kucai.

33. Orzo risotto dengan cavolo nero

Hidangan 2

bahan-bahan:

- minyak zaitun extra-virgin 2 sudu teh
- bawang besar ½, dihiris halus
- bawang putih 2 ulas, dihiris
- kepingan cili kering ½ sudu teh
- pasta orzo 150g
- stok sayur 450ml, panas
- cavolo nero 100g, batang dibuang dan dipotong panjang
- kacang pis beku 100g
- keju lembut 1 sudu besar
- parmesan vegetarian 15g, parut halus, ditambah sedikit tambahan untuk dihidangkan (pilihan)

Arah:

a) Panaskan minyak zaitun dalam kuali dan masukkan bawang besar, bawang putih, cili serpihan dan secubit garam.

b) Masak perlahan-lahan selama 5 minit atau sehingga lembut. Masukkan pasta dan kacau supaya setiap bahagian disalut dengan minyak.

c) Masukkan stok sayur satu sudu pada satu masa, kacau di antara dan tambah lagi setelah diserap. Selepas 5 minit, masukkan cavolo nero.

d) Masak selama 5 minit lagi dan, setelah orzo dan cavolo nero empuk, masukkan kacang polong dan sedikit perasa selama 2 minit terakhir.

e) Kacau dengan keju lembut dan parmesan, dan hidangkan dengan sedikit parmesan tambahan, jika anda suka.

34. Campuran risotto Bulgur

Hasil: 1 hidangan

bahan-bahan

- 1 sudu besar Bawang kering kisar
- 3 kiub bouillon ayam, hancur
- 1 sudu teh chervil kering
- 1 sudu teh thyme kering
- ¼ sudu teh lada hitam
- 1½ cawan RISOTTO bulgur gandum retak:
- 2½ cawan Air
- 2 sudu besar Mentega
- 1 pek campuran Risotto

Arah:

a) Campurkan: Satukan dan simpan dalam bekas kedap udara.

b) Bulgur Risotto: Panaskan ketuhar hingga 350. Didihkan air dan mentega. Masukkan campuran risotto dan masak, kacau, 5 minit. Tutup dan bakar 25 minit. 6 hidangan

35. Risotto sayuran musim luruh

Hasil: 6 Hidangan

bahan-bahan

- 2 paun labu butternut
- 3 cawan air rebusan ayam rendah garam tanpa lemak
- Garam dan lada
- 3 daun bawang sederhana; dadu, bahagian putih dan satu inci hijau
- 1½ sudu besar minyak zaitun dara tambahan
- 1½ cawan beras Arborio
- 3 ulas bawang putih; cincang
- 2 sudu besar pasli daun rata segar yang dicincang
- 1 sudu teh thyme segar yang dicincang
- ½ sudu teh rosemary segar yang dicincang
- ½ sudu teh Biji segar yang dicincang
- ⅛ sudu teh Buah pala yang baru diparut
- 1 sudu teh parutan kulit oren
- ½ oren; berjus

- 3 sudu besar Pecan; dibakar dan dicincang
- ½ cawan parmigiano-reggiano yang baru diparut

Arah:

a) Potong labu separuh memanjang, kemudian cedok dan buang bijinya. Kupas dan potong ½ inci.

b) Dalam periuk bersaiz sederhana dengan api yang tinggi, bawa sup dan 3 cawan air hingga mendidih. Masukkan labu dan reneh sehingga hampir lembut, 2 hingga 3 minit. Keluarkan labu dan perasakan dengan garam dan lada sulah, dan ketepikan. Simpan kuah secara berasingan.

c) Letakkan daun bawang dan petua cawan air dalam kuali besar. Tutup dan renehkan sehingga daun bawang lembut, kira-kira 12 minit, tambah lebih banyak air jika ia sejat.

d) Simpan daun bawang, dan tambahkan cecair masak ke dalam sup yang dikhaskan.

e) Suamkan sup dengan api perlahan pada penunu belakang. Panaskan minyak zaitun dalam kuali besar dengan api sederhana. Masukkan nasi dan masak, kacau sentiasa, 2 hingga 3 minit. Dengan senduk, tambah kira-kira ¾ cawan sup dan kacau untuk membebaskan nasi dari bahagian bawah dan tepi kuali.

f) Apabila nasi telah menyerap penambahan pertama kuahnya, masukkan senduk stok lagi. Kacau selalu untuk mengelakkan nasi melekat, tambahkan lebih banyak stok satu sudu pada satu masa untuk memastikan bijirin sentiasa lembap.

g) Selepas 10 minit menambah sup dan kacau, masukkan daun bawang, bawang putih. dan seterusnya 7 Bahan (melalui jus) dan terus kacau.

h) Teruskan menambah sup sehingga nasi menjadi tanpa pusat berkapur (tetapi masih padat), 18 hingga 22 minit. Jika kehabisan kuahnya, masukkan air panas.

i) Apabila nasi baru empuk, tambahkan senduk tambahan air rebusan atau air dan labu yang dikhaskan. Keluarkan kuali dari api, tutup, dan biarkan selama 5 minit. Perasakan dengan garam dan lada sulah.

j) Untuk menghidangkan, letakkan risotto dalam mangkuk dan hiaskan dengan pecan dan keju.

36. Risotto adas dengan pistachio

Hasil: 6 hidangan

bahan-bahan

- 2 cawan air rebusan ayam, digabungkan dengan
- 1 cawan air
- 1 sudu besar Mentega atau marjerin
- 2 sudu besar minyak zaitun
- 1 cawan bawang besar dicincang halus
- 1 mentol Adas sederhana
- 1 lada benggala merah sederhana, dihiris
- 2 ulas bawang putih sederhana, dikisar
- $1\frac{1}{2}$ cawan beras Arborio
- $\frac{1}{3}$ cawan pistachio bercengkerang, Dicincang
- Lada hitam yang baru dikisar
- $\frac{1}{4}$ cawan keju Parmesan parut

Arah:

a) Panaskan gabungan air rebusan dengan api sederhana-perlahan. Tetap hangat.

b) Dalam kuali besar, sebaik-baiknya tidak melekat, atau periuk besar, panaskan mentega dan minyak di atas api sederhana sehingga panas. Tambah bawang, adas dan lada merah; tumis 5 minit. Masukkan bawang putih dan tumis seminit tambahan.

c) Kacau beras dan masak, kacau 2 minit. Perlahan-lahan mula menambah cecair, kira-kira satu sudu pada satu masa. Masak, bertutup, dengan api sederhana rendah, 10 minit, kacau sekali-sekala.

d) Masukkan cecair perlahan-lahan dan kacau selalu. Tunggu sehingga cecair telah diserap setiap kali sebelum menambah senduk seterusnya. Ulangi proses memasak, bertutup, 10 minit.

e) Buka tutup dan teruskan menambah cecair dan kacau selalu. Risotto harus masak kira-kira 30 minit. Risotto yang telah siap hendaklah berkrim, dengan sedikit kenyal di tengah nasi.

f) Masukkan pistachio, lada dan Parmesan ke dalam risotto siap, kacau sehingga sebati.

37. Bayam & tauhu risotto

Hasil: 4 Hidangan

bahan-bahan

- 8 auns Tauhu, toskan
- 1 bawang sederhana; cincang (1/2 cawan)
- 1 ulas bawang putih; cincang
- 2 sudu besar Minyak sayuran
- 14½ auns Tomato, Itali, dalam tin; dicincang
- 1 sudu teh Oregano; kering; hancur
- 2 cawan beras, perang; masak
- 10 auns Bayam, beku, dicincang; dicairkan dan dikeringkan
- 1 sudu besar Bijan; dibakar

Arah:

a) Letakkan tauhu dalam bekas pengisar. Penutup; gaul hingga sebati.

b) Dalam periuk besar masak bawang besar dan bawang putih dalam minyak panas sehingga bawang lembut. Tambah tomato dan oregano yang tidak ditapis. Bawa hingga mendidih; mengurangkan haba.

c) Reneh, tidak bertutup, kira-kira 3 minit.

d) Masukkan tauhu, nasi, bayam, $\frac{1}{2}$ sudu teh garam, dan $\frac{1}{4}$ sudu teh lada. Bahagikan campuran kepada 4 kaserol yang telah digris atau letakkan semua campuran dalam kaserol $1\frac{1}{2}$ liter yang telah digris.

e) Bakar, tanpa penutup, dalam ketuhar 350 darjah selama 30 minit atau sehingga dipanaskan. Teratas dengan biji bijan.

38. Madu dan risotto barli panggang

Hasil: 14 hidangan

bahan-bahan

- 2 Bawang merah; cincang
- 2 ulas bawang putih; cincang
- 2 batang saderi; potong dadu halus
- 2 sudu besar minyak zaitun
- 1 sudu besar Mentega
- $\frac{1}{4}$ cawan beras Arborio; (risotto)
- $3\frac{1}{2}$ liter sup skuasy butternut panggang
- $\frac{1}{4}$ cawan Barli; dibakar, dimasak
- $\frac{1}{4}$ cawan skuasy butternut; dadu kecil
- $\frac{1}{4}$ cawan keju Romano; parut
- Garam dan lada hitam

Arah:

a) Dalam periuk dengan api sederhana, tumis bawang merah, bawang putih dan saderi dalam minyak dan mentega sehingga lembut. Masukkan beras, kacau hingga sebati. Jangan biarkan bijirin coklat.

b) Masukkan $3\frac{1}{2}$ cawan sup dalam kelompok kecil, kacau berterusan.

c) Masukkan barli dan labu. Teruskan memasak dengan cara yang sama sehingga nasi empuk tetapi al dente. Tambah keju. Sesuaikan perasa.

d) Setiap bahagian, sendukkan sebiji risotto ke tengah mangkuk sup. Sendukkan 1 cawan sup di sekeliling risotto.

39. Risotto keledek herba

Hasil: 1 Hidangan

bahan-bahan

- 1 sudu besar minyak zaitun dara
- 1 cawan Kiub (1") ubi keledek
- 1 cawan beras Arborio
- ½ cawan bawang cincang
- 1 sudu besar Sage segar yang dicincang
- 1 sudu kecil kulit oren parut
- ⅛ sudu teh Pala dikisar
- 2 cawan stok ayam tanpa lemak
- ¼ cawan jus oren
- Garam dan lada hitam
- 1 sudu besar keju Parmesan parut
- 2 sudu besar pasli Itali segar yang dicincang

Arah:

a) Dalam mangkuk besar yang selamat untuk ketuhar gelombang mikro, microwavekan minyak selama 1 minit pada suhu tinggi.

b) Masukkan ubi keledek, beras, bawang besar, sage, kulit oren dan buah pala.

c) Ketuhar gelombang mikro, dibuka selama 1 minit. Kacau dalam $1\frac{1}{2}$ cawan stok.

d) Ketuhar gelombang mikro selama 10 minit, kacau sekali separuh masak.

e) Masukkan baki $\frac{1}{2}$ cawan stok dan jus oren. Ketuhar gelombang mikro selama 15 minit, kacau sekali separuh masak.

f) Masukkan garam dan lada sulah secukup rasa. Taburkan dengan Parmesan dan pasli.

40. Risotto ketuhar gelombang mikro

Hasil: 2 Hidangan

bahan-bahan

- 1 sudu teh mentega tanpa garam
- 1 sudu teh minyak zaitun
- 2 sudu besar Bawang kisar
- 1 ulas bawang putih; cincang
- ¼ cawan beras Arborio
- 1 cawan air rebusan ayam
- ¼ cawan wain putih kering
- Garam dan lada; untuk rasa
- 4 auns Dimasak; hati articok yang dihiris
- 4 auns Lada benggala yang telah dimasak dan ditoskan
- 2 auns tomato kering matahari cincang
- 2 auns caper cincang
- Safron; selasih atau rempah lain secukup rasa.

Arah:

a) Panaskan mentega dan minyak dalam mangkuk sup besar, tidak bertutup, dalam ketuhar gelombang mikro pada 100% selama 2 minit.

b) Masukkan bawang merah, bawang putih, dan beras; kacau hingga menyalut. Masak, tidak bertutup, pada 100% selama 4 minit.

c) Tambah sup, wain, dan sebarang Bahan pilihan Masak, tidak bertutup, selama 6 minit. Kacau rata dan masak selama 6 minit lagi. Pantau untuk memastikan cecair tidak masak sepenuhnya.

d) Keluarkan dari ketuhar gelombang mikro. Masukkan garam dan lada sulah dan hidangkan panas.

41. Risotto Jepun dengan cendawan

Hasil: 4 Hidangan

bahan-bahan

- 4½ cawan stok sayur; atau sup miso-infused, sedap
- 1 sudu besar minyak zaitun Extra-virgin
- ½ cawan beras rose-sushi
- ½ cawan Sake
- Garam kosher
- Lada hitam yang baru dikisar
- ½ cawan cendawan Enoki
- ½ cawan daun bawang dicincang
- ¼ cawan taugeh lobak

Arah:

a) Jika menggunakan sup miso-infused, campurkan 1 sudu besar miso dengan 4½ cawan air dan biarkan mendidih. Kecilkan api dan reneh.

b) Dalam periuk besar, panaskan minyak zaitun di atas api yang sederhana tinggi. Masukkan beras, kacau sentiasa dalam satu arah, sehingga bersalut dengan baik. Keluarkan kuali dari api dan masukkan sake.

c) Kembali ke api dan kacau sentiasa dalam satu arah sehingga semua cecair diserap. Masukkan stok atau sup dalam penambahan ½ cawan, kacau sentiasa sehingga semua cecair diserap dengan setiap penambahan.

d) Perasakan dengan garam dan lada sulah. Sudukan ke dalam mangkuk hidangan, hiaskan dengan cendawan, daun bawang, dan taugeh dan hidangkan.

e) Hiaskan dengan cendawan enoki yang halus, daun bawang yang dicincang, dan taugeh lobak pedas.

42. Risotto balsamic

Hasil: 1 Hidangan

bahan-bahan

- 100 gram Mentega
- ½ bawang
- 1 daun salam
- 1 secubit rosemary kering
- 300 gram beras Arborio
- 1 cawan stok sayur
- ½ liter Cabernet atau barolo
- Parmesan yang baru diparut
- Cuka balsamic

Arah:

a) Masukkan 50g mentega, separuh bawang yang dicincang, daun bay dan secubit rosemary ke dalam hidangan kaserol dan masak dengan api sederhana sehingga bawang menjadi lutsinar.

b) Kemudian masukkan beras dan kacau berterusan selama satu minit sehingga semua sebati. Kemudian masukkan secawan stok sayur-sayuran yang "baik" dan biarkan semuanya mendidih.

c) Tambah setengah liter wain merah dan biarkan alkohol menyejat. Selepas 15 minit masukkan parmesan yang baru diparut dan 50g mentega yang lain.

d) Kacau dan kemudian biarkan ia masak selama satu minit lagi.

e) Sejurus sebelum mengeluarkan dari dapur tambahkan segelas kecil cuka balsamic.

43. Risotto beri biru dengan boletus

Hasil: 4 Hidangan

bahan-bahan

- 8¾ auns Boletus segar, dihiris
- 1 Bawang kecil; dicincang halus
- ¾ auns Mentega
- 5 auns beras Risotto; tidak digilap
- 5½ auns beri biru
- ¼ cawan wain putih; kering
- 1¾ cawan Bouillon
- ¼ cawan minyak zaitun
- 1 tangkai thyme
- 1 ulas bawang putih; tumbuk
- 2 auns Mentega

Arah:

a) Dalam periuk panaskan mentega dan tumis bawang. Masukkan nasi dan blueberry, tumis sebentar. Basahkan dengan wain, masak sehingga diserap; basahkan dengan bouillon dan masak sehingga empuk. Kacau secara berterusan, jika perlu tambahkan sedikit bouillon. Perasakan dengan garam dan lada sulah.

b) Dalam kuali panaskan minyak, tumis cendawan, bawang putih dan thyme. Kacau mentega ke dalam risotto. Pindahkan ke pinggan hangat dan hias dengan cendawan.

44. Lobak merah dan brokoli risotto

Hasil: 4 Hidangan

bahan-bahan

- 5 cawan air rebusan ayam rendah sodium; atau sup sayur
- 1 sudu besar minyak zaitun
- 2 lobak merah keseluruhan; potong dadu halus (1 cawan)
- ½ cawan bawang merah; dicincang
- 1 cawan Adas; dicincang halus
- 2 cawan beras; (arborio)
- ¼ cawan wain putih kering
- 2 cawan kuntum brokoli
- 2 lobak merah keseluruhan; parut
- 2 sudu besar keju parmesan parut
- 1 sudu besar jus lemon segar
- 2 sudu kecil perahan lemon
- 2 sudu teh thyme segar; dicincang
- ½ sudu teh Garam
- Lada hitam tanah segar; untuk rasa

Arah:

a) Dalam periuk sederhana, masak sup sehingga mendidih. Perlahankan api untuk mereneh. Dalam periuk besar yang luas dan berdasar berat, panaskan minyak zaitun di atas api sederhana. Masukkan lobak merah dan bawang merah yang dipotong dadu dan masak sehingga bawang merah mula lembut, kira-kira 6 minit.

b) Masukkan adas dan nasi dan masak, kacau sentiasa, sehingga nasi bersalut dengan baik, 1 hingga 2 minit. Tambah wain putih dan masak sehingga ia telah diserap.

c) Masukkan 1 cawan sup mendidih ke dalam periuk besar dan teruskan memasak, kacau sehingga stok hampir semua diserap. Teruskan menambah sup, $\frac{1}{2}$ cawan pada satu masa, kacau dan masak sehingga kuah diserap dan nasi keluar dari sisi periuk sebelum setiap penambahan.

d) Teruskan sehingga semua kecuali 1 & $\frac{1}{2}$ cawan sup telah diserap, 15 - 20 minit.

e) Masukkan brokoli dan lobak merah parut dan teruskan memasak dan masukkan sup, $\frac{1}{4}$ cawan pada satu masa, sehingga nasi berkrim lagi padat di tengah. Ini perlu mengambil masa 5 hingga 10 minit lagi.

f) Keluarkan dari haba, kacau dalam Parmesan, jus, zest, thyme, garam, lada, dan hidangkan segera.

45. Risotto Chanterelle

Hasil: 2 Hidangan

bahan-bahan

- 1 bawang merah kecil; dicincang halus
- 1 ulas bawang putih; dicincang halus
- 8 auns Chanterelles
- 1 sudu besar daun selasih segar; dicincang
- 3 auns Mentega
- 2 auns keju parmesan segar; parut (pilihan)
- 6 auns nasi Itali Risotto
- 5 auns wain putih
- 15 auns Boillon sayur

Arah:

a) Dalam kuali besar, goreng bawang merah dan bawang putih perlahan-lahan dalam separuh mentega, sehingga lembut dan keemasan. Masukkan basil dan Chanterelles dan masak selama beberapa minit.

b) Masukkan beras, goreng selama seminit, kacau berterusan.

c) Tuangkan wain dan separuh stok, biarkan mendidih, kemudian tutup kuali dan reneh. Periksa dari semasa ke semasa untuk melihat sama ada nasi sudah kering, dan tambahkan lagi bouillon jika sudah.

d) Apabila nasi baru masak, campurkan baki mentega dan keju. Masak selama beberapa minit lagi, kacau.

e) Hidangkan dengan salad hijau dan sedikit ciabatta.

46. Porcini & risotto truffle

Hasil: 4 hidangan

bahan-bahan:

- 25 gram Mentega; (1oz)
- 1 sudu besar minyak zaitun
- 1 bawang sederhana; dicincang halus
- 250 gram beras risotto Arborio; (8oz)
- 2 kiub stok sayur
- 2 20 g pek cendawan porcini
- 2 sudu besar keju Mascarpone
- 1 sudu teh krim Truffle
- Garam dan lada hitam yang baru dikisar
- Parmesan cukur

Arah:

a) Panaskan mentega dan minyak zaitun dalam kuali besar, masukkan bawang besar dan tumis dengan api sederhana selama 3-4 minit. Kacau beras dan masak selama satu minit lagi salut nasi dengan minyak.

b) Masukkan stok panas secara beransur-ansur, kacau sepanjang masa, tambah stok tambahan apabila stok telah diserap. Ulangi proses ini sehingga semua stok telah dimasukkan ini akan mengambil masa kira-kira 20 minit.

c) Akhir sekali masukkan cendawan porcini dan cecair simpanan, mascarpone, krim truffle dan perasakan dengan garam dan lada hitam yang baru dikisar dan panaskan selama 1-2 minit lagi. Hidangkan segera dengan pencukur parmesan.

47. Risotto Puschlaver

Hasil: 4 hidangan

bahan-bahan:

- 30 gram cendawan kering atau cendawan lain
- 100 gram Mentega
- 1 x Bawang besar, dicincang halus
- $\frac{1}{8}$ sudu teh Safron, dipecahkan kecil
- 1 desiliter Wain merah
- 350 gram beras Risotto (Arborio)
- 8 desiliter Bouillon
- 100 gram keju parut
- 250 gram daging lembu, dipotong menjadi jalur nipis
- 1 desiliter Krim berat
- 2 biji tomato, kupas kulit dan potong dadu
- 1 tandan pasli, dicincang halus

Arah:

a) Rendam cendawan, kemudian toskan dan keringkan dengan baik. Simpan cecair rendaman.

b) Cairkan 40 g mentega dalam kuali: tambah bawang, cendawan, bawang putih dan tumis dengan cepat; kemudian masukkan wain merah dan kecilkan api supaya sebahagiannya meresap. Kemudian masukkan beras dan kunyit dan kacau rata. Masukkan bouillon dan air cendawan, kacau, dan kecilkan api hingga mendidih.

c) Masak perlahan-lahan sehingga cecair diserap. Nasi harus al dente. -- Mentega dan keju parut dilambung dengan risotto apabila ia siap.

d) Tepung daging lembu dengan ringan dan tumis dalam lebih banyak mentega; apabila selesai, kecilkan api dan masukkan krim, kacau dengan teliti. Buat "penyok" di tengah-tengah risotto dan masukkan campuran daging lembu dan krim ke dalamnya.

e) Sebagai hiasan, tumis tomato dan pasli dalam baki mentega, dan taburkan di atas risotto.

f) Hidang.

48. Risotto dengan champagne

Hasil: 4 hidangan

bahan-bahan:

- 1 auns cendawan kering
- 3 sudu besar Mentega
- 2 sudu besar minyak zaitun
- ¼ bawang kuning; dicincang kasar
- 1½ cawan beras Arborio Itali; mentah
- 3 cawan stok ayam; segar atau dalam tin
- 1 cawan Champagne atau wain putih kering
- ½ cawan krim putar
- garam; untuk rasa

Arah:

a) Rendam cendawan dalam 1 cawan air panas sehingga lembut, kira-kira 1 jam. Toskan dan gunakan cecair untuk tujuan lain, mungkin stok sup. Jangan gunakan air cendawan dalam risotto kerana ia akan menutup rasa krim dan wain. Cincang cendawan. Panaskan periuk berat 4 liter dan masukkan mentega, minyak, bawang dan cendawan.

b) Masak sehingga bawang layu, kemudian masukkan beras. Kacau dengan teliti supaya setiap bijirin disalut dengan minyak. Dalam kuali berasingan bawa stok ayam hingga mendidih.

c) Masukkan 1 cawan stok ke dalam nasi, kacau untuk memastikan hidangan berkrim yang bagus. Teruskan menambah sup kerana ia diserap. Apabila stok diserap masukkan champagne dan teruskan masak, kacau perlahan-lahan.

d) Apabila nasi mula lembut masukkan krim dan masak sehingga nasi empuk tetapi masih agak kenyal. Rasa garam dan hidangkan segera.

49. Risotto cendawan dengan pecorino

Hidangan 2

bahan-bahan:

- porcini kering 25g
- kiub stok sayur 1
- minyak zaitun 2 sudu besar
- cendawan chestnut 200g, dibelah empat
- mentega 25g
- bawang merah 3, dicincang halus
- bawang putih 1 ulas, ditumbuk
- beras arborio 150g
- wain putih 1 gelas
- bayam 100g, dicincang
- pecorino (atau alternatif sayuran) 50g, parut halus, ditambah sedikit tambahan untuk dihidangkan, jika anda suka
- lemon 1, diperah

Arah:

a) Masukkan porcini ke dalam mangkuk kecil, tuangkan 300ml air mendidih dan biarkan selama 15 minit.

b) Tapis cecair melalui ayak halus ke dalam jag dan tambah dengan air mendidih hingga 600ml. Hancurkan dalam kiub stok atau kacau dalam 1 sudu teh serbuk stok atau cecair. Potong kasar porcini.

c) Panaskan 1 sudu besar minyak zaitun dalam kuali yang lebar, cetek, tidak melekat dan masukkan cendawan berangan.

d) Goreng, pastikan api agak tinggi, sehingga cendawan menjadi keemasan dan mengecut sedikit (ini akan membantu menumpukan rasa). Kikis cendawan dari kuali ke dalam mangkuk dan lap kuali.

e) Masukkan 1 sudu besar minyak dan mentega ke dalam kuali, dan masak bawang merah dan bawang putih sehingga lembut. Masukkan nasi porcini dan risotto, dan kacau sehingga bersalut. Masukkan wain dan renehkan sehingga semuanya diserap.

f) Masukkan cecair stok porcini secara beransur-ansur, kacau sehingga nasi hampir empuk, kemudian masukkan cendawan berangan.

g) Masukkan stok terakhir bersama bayam, pecorino dan kulit limau.

h) Tutup api, letakkan tudung dan duduk selama 5 minit sebelum dihidangkan dalam mangkuk dengan keju tambahan, jika anda suka.

50. Nasi liar & risotto cendawan

Hidangan 4

bahan-bahan:

- bawang putih 1 mentol keseluruhan
- minyak zaitun
- bawang merah 4, dihiris halus
- wain putih 125ml
- campuran beras liar 300g
- thyme 2 tangkai, daun dipetik
- stok sayuran 2 liter, dipanaskan
- beras arborio 100g
- cendawan campur 200g, dibersihkan dan dihiris
- crème fraîché rendah lemak 2 sudu besar

Arah:

a) Panaskan ketuhar kepada 200C/kipas 180C/gas 6. Potong bahagian atas mentol bawang putih supaya kebanyakan ulas terdedah.

b) Gosok dengan 1 sudu teh minyak, perasakan seluruhnya, balut rapat dengan kerajang, dan letakkan bahagian yang dipotong di atas dulang pembakar. Bakar selama 30-40 minit sehingga bawang putih benar-benar lembut apabila anda menekannya.

c) Panaskan 1 sudu kecil minyak dalam kuali dan goreng bawang merah hingga lembut. Masukkan wain dan reneh sehingga berkurangan separuh, kemudian kacau dalam campuran beras liar dan separuh thyme. Masukkan stok 1/3 pada satu masa, kacau selalu.

d) Selepas 20 minit dan kira-kira 2/3 daripada stok telah dikacau, masukkan arborio dan masak selama 20 minit lagi, atau sehingga nasi lembut. Tambah sedikit air jika semua stok telah serap, tetapi nasi tidak masak.

e) Goreng cendawan dalam 1 sudu teh minyak selama 5-10 minit sehingga keemasan dan lembut. Perasakan dan masukkan baki daun thyme.

f) Kacau cendawan dan crème fraîché melalui risotto. Perah ulas bawang putih dari kulitnya dan kacau untuk dihidangkan.

51. Risotto cendawan & bayam

Hidangan 2

bahan-bahan:

- porcini kering 25g
- mentega 50g
- bawang besar 1 kecil, dicincang halus
- bawang putih 1 ulas, ditumbuk
- cendawan chestnut 200g, dihiris
- nasi risotto 150g
- wain putih segelas
- stok sayur 750ml, terus mendidih
- bayam 100g, basuh dan potong
- parmesan beberapa cukur (pilihan)

Arah:

a) Rendam porcini dalam secawan air mendidih selama 10 minit. Tapis cecair melalui ayak untuk mengeluarkan sebarang pasir dan simpan untuk risotto. Potong kasar porcini.

b) Panaskan mentega dalam kuali cetek lebar dan masak bawang merah dan bawang putih sehingga lembut. Masukkan cendawan berangan dan masak selama 5 minit, kemudian masukkan porcini dan nasi risotto dan kacau sehingga bersalut.

c) Masukkan wain dan buih sehingga semuanya diserap. Masukkan stok dan cecair rendaman babi secara beransur-ansur, kacau sehingga nasi empuk tetapi masih ada sedikit gigitan (anda mungkin tidak memerlukan semua stok).

d) Kacau bayam sehingga layu. Hidangkan ditaburkan dengan sedikit parmesan jika suka.

52. Kek Risotto Dengan Cendawan

Hidangan 8

bahan-bahan:

- minyak zaitun
- bawang 2, dicincang halus
- bawang putih 3 ulas, ditumbuk
- nasi risotto 350g
- stok sayuran 1 liter, panas
- cendawan liar 200g
- mentega 25g, ditambah dengan tombol
- thyme 5 tangkai
- parmesan atau grana padano (atau alternatif sayuran) 85g, parut
- ricotta 150g
- telur 2, dipukul dengan garpu
- taleggio atau vegetarian alternatif 85g, dihiris nipis

Arah:

a) Panaskan 2 sudu besar minyak zaitun dalam kuali besar dan goreng bawang merah dan bawang putih perlahan-lahan sehingga lembut.

b) Kacau beras selama seminit, kemudian mula kacau dalam stok, senduk pada satu masa, membenarkan setiap senduk diserap sebelum menambah yang seterusnya. Teruskan masak dan masukkan stok selama kira-kira 20 minit, sehingga nasi lembut. Ratakan di atas dulang untuk sejuk dan padat sedikit.

c) Sementara itu, panaskan ketuhar kepada 180C/kipas 160C/gas 4. Sedikit mentega loyang bertepi dalam 22cm dengan alas longgar. Masukkan cendawan ke dalam kuali yang telah dibersihkan dengan mentega dan daun thyme dari 2 tangkai, dan goreng sehingga keemasan dan lembut.

d) Kikis nasi yang telah disejukkan ke dalam mangkuk adunan dengan kebanyakan cendawan, semua parmesan, ricotta dan telur, tambah banyak perasa dan gaul rata.

e) Masukkan adunan beras ke dalam loyang dan tekan dengan kuat untuk melicinkan bahagian atas. Taburkan di atas baki cendawan, taleggio dan tangkai thyme dan tekan supaya semuanya melekat, kemudian renjiskan dengan sedikit minyak zaitun.

f) Bakar selama 25-30 minit sehingga kekuningan dan garing di atas. Sejukkan selama 20 minit, kemudian potong ke dalam baji dan hidangkan bersama salad.

53. Risotto telur dan taugeh

Hasil: 4 Hidangan

bahan-bahan

- 4 biji telur
- 1 Bawang besar; dihiris halus
- 1 lada hijau; dibuang biji dan dihiris
- 2 sudu besar Minyak sayuran
- 125 gram cendawan; dihiris
- 225 gram gandum retak (bulgar).
- 400 gram tomato cincang premium dalam tin
- 450 mililiter Stok sayur dibuat dengan kiub stok
- 200 gram Taugeh
- 4 sudu besar sos tumis sate
- Garam dan lada hitam yang baru dikisar
- Daun ketumbar segar untuk hiasan, pilihan

Arah:

a) Letakkan telur dalam kuali air sejuk, biarkan mendidih dan reneh selama 7 minit sehingga mendidih. Toskan, pecahkan cengkerang serta-merta, kemudian simpan di bawah air sejuk yang mengalir sehingga sejuk. Biarkan dalam mangkuk sehingga diperlukan.

b) Masak bawang dan lada dalam minyak dalam kuali besar selama 3-4 minit sehingga ia lembut. Masukkan cendawan dan gandum retak, kacau semuanya dengan baik, kemudian masukkan tomato cincang dan stok sayuran.

c) Didihkan, kemudian reneh selama 10 minit sehingga gandum kembang elok dan stok hampir semua terserap.

d) Sementara itu, kupas telur, potong tiga dan selebihnya dipotong menjadi empat dan ketepikan.

e) Masukkan telur cincang ke dalam bancuhan gandum dan sos sate dan panaskan selama 2-3 minit.

f) Perasakan dengan garam dan lada sulah, kemudian putar risotto menjadi hidangan hidangan yang telah dipanaskan dan hiaskan dengan baki telur dan beberapa daun ketumbar segar, jika digunakan.

54. Tomato risotto & cendawan

Hasil: 1 hidangan

bahan-bahan

- 1 paun tomato segar; dibelah dua dan dibiji
- Gerimis minyak zaitun
- garam
- Lada hitam yang baru dikisar
- 4 cendawan Portobello sederhana; bertangkai dan dibersihkan
- 1 paun keju mozzarella segar; dihiris
- 1 sudu besar minyak zaitun
- 1 cawan bawang cincang
- 6 cawan Air
- 1 sudu teh bawang putih cincang
- 1 paun beras Arborio
- 1 sudu besar mentega tanpa garam
- ¼ cawan krim pekat
- ½ cawan keju Parmigiano-Reggiano yang baru diparut

- 3 sudu besar Bawang hijau cincang;

Arah:

a) Panaskan gril hingga 400 darjah. Dalam mangkuk adunan, masukkan tomato dengan minyak zaitun, garam dan lada sulah. Letakkan di atas panggangan dan masak selama 2 hingga 3 minit pada setiap sisi. Keluarkan dari gril dan ketepikan. Panaskan ketuhar hingga 400 darjah.

b) Letakkan cendawan portobello pada lembaran penaik yang dialas kertas, rongga ke atas. Lumurkan kedua-dua belah cendawan dengan minyak zaitun.

c) Perasakan kedua-dua belah dengan garam dan lada sulah. Kipaskan seperempat keju di atas setiap rongga cendawan.

d) Letakkan di dalam ketuhar dan masak sehingga cendawan lembut dan keju berbuih, kira-kira 10 minit. Panaskan minyak zaitun dalam kuali tumis besar dengan api sederhana.

e) Masukkan bawang besar. Perasakan dengan garam dan lada sulah. Tumis sehingga bawang agak lembut, lebih kurang 3 minit.

f) Masukkan air dan bawang putih. Didihkan campuran, kecilkan api ke sederhana, dan reneh selama kira-kira 6 minit.

g) Masukkan beras dan reneh, kacau sentiasa sehingga adunan berkrim dan berbuih, kira-kira 18 minit. Masukkan mentega, krim, keju, dan bawang hijau.

h) Reneh selama kira-kira 2 minit, kacau sentiasa. Angkat dari api dan masukkan tomato. Untuk menghidangkan, potong setiap portobello menjadi empat bahagian. Sudukan risotto ke dalam setiap hidangan hidangan. Letakkan 2 keping portobello di atas risotto.

i) Hiaskan dengan pasli.

55. Asparagus & risotto cendawan

Hasil: 4 hidangan

Bahan

- Minyak zaitun atau salad
- 1½ paun Asparagus, hujung yang keras dipotong dan lembing dipotong menjadi kepingan 1 1/2 inci
- 2 sederhana Lobak merah, dihiris nipis
- ¼ paun cendawan Shiitake, dibuang batang dan penutupnya dihiris setebal 1/4 inci
- 1 Bawang sederhana, dicincang
- 1 lada merah sederhana, dipotong menjadi jalur nipis batang mancis sepanjang 1 inci
- 2 pek (5.7-oz) perisa primavera ATAU campuran risotto perisa cendawan
- Tangkai pasli untuk hiasan
- Keju Parmesan parut (pilih)

Arah:

a) Dalam periuk 4 liter di atas api sederhana tinggi, dalam 1 T minyak zaitun atau salad panas, masak asparagus sehingga keemasan dan lembut. Dengan sudu berlubang, keluarkan asparagus ke dalam mangkuk.

b) Dalam minyak yang tinggal dalam periuk dan minyak zaitun atau salad tambahan panas, masak lobak merah, cendawan, dan bawang sehingga sayur-sayuran garing dan mula perang. Tambah lada merah; masak, kacau, 1 minit.

c) Masukkan campuran risotto dan air 4 C, dengan api yang tinggi, panaskan hingga mendidih.

d) Kurangkan haba kepada rendah; tutup dan reneh 20 minit. Keluarkan periuk dari api. Kacau dalam asparagus; tutup dan biarkan selama 5 minit untuk membenarkan nasi menyerap cecair.

e) Untuk menghidangkan, sendukkan risotto di atas pinggan. Hiaskan dengan tangkai pasli.

f) Hidangkan dengan keju Parmesan parut, jika suka.

56. Risotto dengan sayur-sayuran musim luruh

Hasil: 4 Hidangan

bahan-bahan

- 2 sudu besar minyak zaitun
- 2 sudu besar Mentega
- 1 Bawang besar, dicincang
- 2 ulas bawang putih, dikisar
- 1 cawan Cendawan, dihiris
- 1 Zucchini, dadu besar
- 1 lada merah manis, potong dadu
- 1 cawan biji jagung, masak
- 1 sudu teh rosemary segar, dicincang
- $\frac{1}{4}$ sudu teh Lada
- secubit Garam
- secubit Serpihan lada panas
- 1 sudu besar kulit lemon, parut
- $1\frac{1}{2}$ cawan beras Arborio
- $4\frac{1}{2}$ cawan stok sayur/ayam

- ¾ cawan Parmesan, parut baru
- 1 sudu besar jus lemon

Arah:

a) Dalam periuk berat yang besar, panaskan separuh setiap minyak dan mentega di atas api sederhana; masak bawang merah, bawang putih dan cendawan, kacau, selama 5 minit atau sehingga lembut.

b) Tambah zucchini, lada merah, jagung, rosemary, lada, garam dan serpihan lada panas; masak, kacau selama 3-5 minit atau sehingga cecair telah sejat.

c) Keluarkan dari kuali dan ketepikan; tetap hangat.

d) Panaskan baki minyak dan mentega dalam kuali yang sama dengan api sederhana tinggi. Tambah kulit lemon dan beras; masak, kacau, selama 1 minit. Kacau dalam ½ cawan stok; masak, kacau sentiasa, sehingga semua cecair diserap.

e) Teruskan menambah stok, ½ cawan pada satu masa, masak dan kacau sehingga setiap penambahan diserap sebelum menambah seterusnya, sehingga nasi lembut 15-18 minit secara keseluruhan.

f) Kacau dalam ½ cawan keju. Kacau dalam jus lemon dan campuran sayur-sayuran; panas melalui. Perasakan dengan lebih banyak garam dan lada sulah secukup rasa.

57. Risotto vegan

Hidangan 4

bahan-bahan:

- minyak zaitun 1 sudu besar
- bawang besar 1, dicincang halus
- adas 1 mentol, dicincang halus
- labu kuning 1, dibelah dua memanjang dan dihiris nipis
- bawang putih 3 ulas, dicincang halus
- biji adas ½ sudu teh, ditumbuk ringan
- nasi risotto 200g
- wain putih vegan segelas kecil (pilihan)
- stok sayur 800ml, panas
- kacang pis beku 200g
- yis pemakanan 2 sudu besar
- lemon 1, diperah dan dijus
- pasli daun rata sekumpulan kecil, dicincang halus

Arah:

a) Panaskan minyak zaitun dalam kuali yang besar dan dalam, masukkan bawang besar, adas dan kubis, dan goreng selama

10 minit sehingga lembut, tambahkan percikan air jika ia mula menangkap.

b) Masukkan bawang putih dan biji adas, dan masak selama 2 minit, kemudian masukkan beras dan kacau sehingga setiap bijirin disalut dengan minyak. Tuangkan wain, jika menggunakan, dan gelembung sehingga berkurangan separuh.

c) Simpan stok sayur-sayuran dalam kuali dengan api yang sangat perlahan agar tetap hangat. Tambah satu senduk pada satu masa pada risotto, hanya tambah lagi apabila sudu terakhir telah diserap sepenuhnya, kacau sepanjang masa.

d) Setelah nasi masak tetapi masih ada sedikit gigitan, masukkan kacang pea beku dan masak selama beberapa minit lagi sehingga masak.

e) Kacau dalam yis pemakanan, kulit lemon dan jus, dan sedikit perasa, bahagikan antara mangkuk cetek dan atasnya dengan pasli.

58. Risotto cendawan vegan

Hidangan 4-6

bahan-bahan:

- cendawan porcini kering 20g
- minyak zaitun 1½ sudu besar
- bawang besar 1 biji, dihiris halus
- saderi 2 batang, dicincang halus
- cendawan chestnut 150g, dihiris
- bawang putih 3 ulas, ditumbuk
- nasi risotto 300g
- wain putih vegan 125ml
- stok sayur panas 200-400ml
- lemon ½ kecil, diperah
- pasli sekumpulan kecil, dicincang halus
- pes truffle 1-2 sudu besar, bergantung pada kekuatan

CENDAWAN ACAR

- cuka sider 75ml
- gula kastor 50g

- cendawan liar campur 50g, dikoyakkan kepada kepingan bersaiz gigitan

Cendawan truffle

- cendawan liar campur 100g, dikoyakkan kepada kepingan bersaiz gigitan

- daun kucai dihiris halus untuk dijadikan 1 sudu besar, ditambah tambahan untuk dihidangkan

- minyak truffle 1 sudu besar, ditambah tambahan untuk dihidangkan

Arah:

a) Masukkan porcini kering ke dalam mangkuk tahan panas dan tuangkan lebih 600ml air masak. Biarkan rendam.

b) Untuk membuat acar cendawan, masukkan cuka, 75ml air, gula dan secubit garam dalam kuali kecil. Panaskan sehingga gula larut, kemudian keluarkan dari api untuk menyejukkan sedikit.

c) Masukkan cendawan dalam mangkuk tahan panas, tuangkan cecair jeruk, dan biarkan semasa anda membuat risotto.

d) Panaskan 1 sudu besar minyak dalam kuali dengan api sederhana dan goreng bawang dan saderi selama 10 minit sehingga lembut tetapi tidak keemasan. Masukkan cendawan berangan dan besarkan api sedikit.

e) Goreng, kacau kerap, selama 8-10 minit lagi atau sehingga cendawan mengeluarkan cecairnya dan mula bertukar menjadi keemasan.

f) Tapis porcini ke dalam jag, buang beberapa sudu besar stok terakhir. Kacau bawang putih dan nasi ke dalam kuali dengan campuran sayuran, salutkan nasi dalam minyak, dan masak selama 1-2 minit atau sehingga bawang putih wangi.

g) Masukkan wain dan buih selama seminit, kemudian masukkan stok cendawan porcini, percikan pada satu masa, kacau berterusan dan tunggu setiap penambahan diserap sebelum menambah lagi.

h) Apabila semua stok cendawan telah dimasukkan, masukkan stok sayur.

i) Selepas kira-kira 15-20 minit, periksa beras untuk memastikan ia lembut. Tambah lebih banyak stok atau air jika anda perlu terus memasak selama beberapa minit.

j) Apabila nasi baru empuk, kacau dalam porcini yang telah dihidrat semula, kulit limau, pasli dan pes truffle. Tutup, keluarkan dari api dan biarkan selama 5 minit.

k) Untuk cendawan truffle, panaskan baki minyak zaitun dalam kuali dengan api yang tinggi, dan goreng cendawan sehingga sedikit keemasan dan sedikit lembut. Perasakan dengan garam, kemudian angkat dari api dan masukkan daun kucai dan minyak truffle.

l) Kacau perlahan-lahan cendawan truffle ke dalam risotto, kemudian toskan cendawan jeruk dan sudukannya di atas.

m) Siram dengan sedikit lagi minyak truffle dan taburkan dengan beberapa daun kucai untuk dihidangkan.

59. Risotto yang dieja dengan Cendawan

Hidangan 4

bahan-bahan:

- cendawan porcini kering 20g
- minyak sayuran 2 sudu besar
- cendawan chestnut 250g, dihiris
- bawang besar 1, dicincang halus
- bawang putih 2 ulas, dicincang halus
- ejaan mutiara 250g
- wain putih segelas (pilihan)
- stok sayur 500ml, panas
- keju lembut 2 sudu besar
- Keju keras Itali 25g, parut halus, ditambah tambahan untuk dihidangkan
- pasli daun rata tandan kecil, daun koyak
- limau nipis 1, diperah dan perahan jus

Arah:

a) Masukkan porcini kering ke dalam mangkuk kecil dan tuangkan 250ml air yang baru dimasak.

b) Panaskan 1 sudu besar minyak sayuran dalam kuali besar dengan api besar dan masukkan cendawan berangan. Masak selama 5-10 minit atau sehingga semua lembapan telah menyejat dan ia menjadi karamel.

c) Kecilkan api dan masukkan baki minyak, bawang besar, bawang putih dan sedikit perasa, dan masak perlahan-lahan selama 5 minit sehingga lembut.

d) Masukkan ejaan dan gaul sehingga bersalut minyak sepenuhnya. Tuangkan wain, jika menggunakan, dan masak sehingga berkurangan sebanyak 1/2.

e) Toskan porcini, simpan cecair, potong dan kacau ke dalam risotto. Masukkan cecair porcini ke dalam stok dan kacau ke dalam risotto satu sudu pada satu masa. Masak selama 25 minit atau sehingga ejaan lembut.

f) Kacau melalui keju lembut dan keras, diikuti dengan pasli.

g) Untuk menghidang, bahagikan antara mangkuk, perahkan sedikit jus lemon, taburkan pada kulit limau, dan keju tambahan, jika anda suka.

60. Courgette & Pea Risotto

Hidangan 4

bahan-bahan:

- semburan minyak zaitun
- bawang besar 1 biji, potong dadu
- bawang putih 1 ulas, ditumbuk
- barli mutiara 200g
- stok sayur 600ml, panas
- kacang polong segar 150g
- labu kuning 2, dicincang
- hati articok 6 dalam air garam, dihiris
- kuark 3 sudu besar

Arah:

a) Panaskan semburan zaitun dalam kuali dan goreng bawang sehingga lembut. Masukkan bawang putih seminit, kemudian masukkan barli. Kacau dengan bawang dan tuangkan stok panas.

b) Tutup dan reneh selama 40 minit, atau sehingga barli lembut.

c) Kacau kacang polong, labu kuning dan articok dengan banyak perasa, dan reneh selama 5 minit lagi sehingga kacang polong masak.

d) Angkat dari api, kacau kuark dan hidangkan.

61. Leek & risotto parmesan

Hidangan 2

bahan-bahan:

- mentega 25g
- minyak zaitun 1 sudu besar
- bawang besar 4, dicincang
- daun bawang 2, dipotong dan dicincang halus
- bawang putih 2 ulas, dihiris
- beras arborio 150g
- wain putih segelas
- stok sayur atau ayam 750ml
- parmesan (atau alternatif vegetarian) 25g, parut halus (kami menggunakan Parmigiano Reggiano)

Arah:

a) Biarkan stok mendidih. Panaskan kuali lebar yang besar dan masukkan separuh mentega dan minyak zaitun. Masukkan bawang besar, daun bawang dan bawang putih dan masak selama 5 minit sehingga lembut.

b) Masukkan beras dan kacau hingga menyalut kemudian masukkan wain dan buih sehingga berkurangan. Masukkan stok sedikit demi sedikit, kacau hingga nasi empuk dengan sedikit gigitan dan buih.

c) Masukkan parmesan dan baki mentega dan perasakan.

62. Risotto kubis

Hasil: 3 hidangan

bahan-bahan

- 4 sudu besar minyak zaitun
- ⅓ cawan Bawang, dicincang
- 1 cawan beras Arborio
- 2¾ cawan stok sayur
- 1 cawan kobis hijau, dicincang
- ¼ cawan pasli Itali, dicincang
- Garam & lada sulah, secukup rasa

Arah:

a) Panaskan minyak dalam periuk kaserol besar sehingga panas. Masukkan bawang, kacau hingga menyalut & tumis selama beberapa minit sehingga lembut, tetapi tidak keperangan. Masukkan nasi, kacau hingga berbalut & masak selama 1 minit.

b) Masukkan stok & biarkan mendidih, kacau selalu. Biarkan stok mendidih, kecilkan api & reneh, ditutup separa selama 10 minit.

c) Masukkan kubis, pasli, garam & lada sulah. Kacau rata & terus mereneh, kacau sekali-sekala sehingga nasi masak & berkrim & semua batang telah meresap.

d) Hidangkan segera.

63. Risotto Udang dengan Kerang

Hidangan 4

bahan-bahan:

- mentega 100g, ditambah dengan tombol
- bawang merah 2, dicincang halus
- nasi risotto 450g
- stok ikan atau ayam ringan 750ml-1 liter, panas
- udang kupas mentah 350-400g
- lemon 1, diperah dan dijus
- mascarpone 3 sudu besar
- kerang 12, roe oren dan otot sisi dibuang
- daun kucai 1 tandan, dihiris halus
- selasih ½ tandan, dicincang

Arah:

a) Cairkan mentega dalam kuali besar berasaskan berat dan masak bawang merah perlahan-lahan sehingga lembut tetapi tidak berwarna. Masukkan beras dan kacau sehingga bijirin bersalut mentega.

b) Masukkan stok panas secara beransur-ansur, kira-kira 200ml pada satu masa, kacau setiap penambahan dengan baik, sehingga nasi hanya lembut, ini akan mengambil masa kira-

kira 20 minit. Berapa banyak stok yang anda perlukan bergantung pada jenis beras yang anda gunakan.

c) Masukkan udang apabila nasi siap tetapi masih al dente, kemudian perasakan dan masukkan kulit limau dan jus. Balikkan udang supaya mereka masak di kedua-dua belah, dan apabila ia selesai, masukkan mascarpone dan lipatkannya.

d) Biarkan risotto duduk selama 5 minit semasa anda menggoreng kerang selama seminit pada setiap sisi dalam tombol mentega dalam kuali. Masukkan ini ke dalam risotto dan taburkan dengan daun kucai dan selasih yang dicincang.

64. Risotto ketam dengan bayam dan kacang

Hidangan 4-6

bahan-bahan:

- minyak zaitun untuk menggoreng
- bawang besar 1, hiris nipis
- bawang besar sekumpulan kecil, dihiris halus
- beras arborio 350g
- bawang putih 2 ulas, ditumbuk
- wain putih 170ml
- stok ayam 1.1 liter
- petits beku pois 150g
- parmesan 70g, parut, ditambah tambahan untuk dihidangkan
- lemon ½, jus, ditambah baji untuk dihidangkan
- krim ganda 2 sudu besar

sos hijau

- bayam 200g
- petits beku pois 150g, dinyahbeku
- minyak zaitun extra-virgin 60ml

Salsa ketam

- bawang merah ½, dicincang halus
- daging ketam putih 200g
- cili merah 1, dibuang biji dan dihiris halus
- pasli daun rata segenggam, dicincang
- lemon ½, dijus

Arah:

a) Panaskan minyak dalam kaserol besar atau kuali dan goreng perlahan-lahan bawang dan daun bawang selama 5 minit sehingga lembut.

b) Besarkan api ke sederhana, masukkan beras dan bawang putih, dan goreng selama 1 minit sehingga nasi disalut minyak dan bertukar lut sinar.

c) Tuangkan wain, kacau sepanjang masa, dan biarkan ia hampir berkurangan sepenuhnya. Kecilkan api kepada sederhana rendah dan masukkan stok perlahan-lahan, senduk pada satu masa, kacau selalu, hanya tambah lagi apabila senduk terakhir diserap. musim.

d) Untuk sos hijau, masukkan bayam, kacang, minyak zaitun dan 100ml air dalam pengisar atau pemproses makanan. Blitz kepada sos yang licin.

e) Apabila anda telah menambah semua stok dan nasi hampir masak (ini akan mengambil masa kira-kira 25-30 minit), kacau dengan sos hijau. Teruskan kacau risotto selama 10 minit lagi, kemudian kacau dalam kacang, parmesan, lemon dan krim.

f) Perasakan dan reneh selama 5 minit sehingga kacang polong masak dan nasi empuk.

g) Campurkan semua bahan salsa ketam.

h) Untuk menghidangkan, sudukan risotto ke dalam mangkuk dan di atasnya dengan salsa ketam dan sedikit minyak zaitun. Hidangkan dengan hirisan lemon dan parmesan.

65. Risotto Salmon Asap Panas

Hidangan 2

bahan-bahan:

- mentega
- bawang besar 1, dicincang halus
- nasi risotto 150g
- wain putih gelas kecil, kira-kira 125ml
- stok sayur 1 liter dipanaskan dan didihkan
- lemon 1, dijus dan diperah
- Dill segenggam, dicincang
- fillet salmon salai panas 150g, dihiris

Arah:

a) Cairkan satu tombol mentega dalam kuali cetek lebar.

b) Masak bawang hingga empuk, kemudian masukkan beras dan kacau hingga rata. masukkan wain dan buih sehingga meresap, kemudian masukkan sedikit demi sedikit stok kacau sehingga nasi empuk.

c) Masukkan lemon, masukkan salmon dan dill dan hidangkan.

66. Risotto ketam mentega coklat

Hidangan 2

bahan-bahan:

- bawang merah 2 panjang atau 4 bulat, dipotong dadu
- mentega masin 25g, ditambah beberapa tombol
- nasi risotto 150g
- daging ketam coklat atau putih 100g periuk campuran
- wain putih kering 175ml
- stok ikan 550ml, panas
- parmesan parut 1 sudu besar
- lada putih atau cokmar yang dikisar atau buah pala secubit setiap satu
- sedikit daun kucai, dihiris untuk dihidangkan

Arah:

a) Perlahan-lahan lembutkan bawang merah dalam beberapa tombol mentega dalam kuali. Apabila ia lembut tetapi tidak berwarna, kacau nasi selama satu minit, diikuti dengan hanya daging ketam perang. Tuangkan wain dan reneh sehingga hampir sejat.

b) Satu senduk pada satu masa, masukkan sebahagian besar stok ikan (tinggalkan beberapa sudu), kacau selepas setiap penambahan sehingga stok hampir diserap.

c) Apabila nasi empuk dan berkrim, matikan api, masukkan parmesan dan tutup dengan penutup atau dulang untuk kekal suam.

d) Cairkan 25g mentega dalam kuali kecil. Bila dah cair sepenuhnya, naikkan api sedikit sambil dikacau berterusan sehingga mentega kekuningan dan berkacang.

e) Masukkan daging ketam putih hingga suam perlahan.

f) Buka tutup risotto dan kacau - jika ia telah pekat semasa berdiri kacau dalam senduk stok terakhir - dan perasakan dengan secubit cokmar, buah pala, lada putih dan garam.

g) Sudukan ke atas daging ketam putih dan mentega perang. Taburkan daun kucai untuk dihidangkan.

67. Risotto kupang

Hidangan 4

bahan-bahan:

- 1.2 kg (2 paun) kupang hidup segar, digosok dan dibersihkan dengan teliti
- 6 sudu besar minyak zaitun Extra Virgin
- 2 ulas bawang putih, kupas dan cincang halus
- 600g tomato masak, labu,
- 350g (12oz) sebaiknya beras Arborio
- 1.2 liter (2 pain) stok ikan
- segenggam pasli daun rata yang segar
- garam laut dan lada hitam yang baru dikisar
- 25g (1oz) mentega tanpa garam

Arah:

a) Masukkan semua kupang yang bersih ke dalam kuali yang lebar dan cetek. Letakkan penutup di atas kuali dan letakkan kuali di atas api sederhana hingga tinggi.

b) Goncangkan kuali di atas api, galakkan semua kupang terbuka.

c) Selepas kira-kira 8 minit, semua yang akan dibuka akan dibuka. Keluarkan kerang semasa ia dibuka.

d) Keluarkan kerang dari cangkerang dan buang semua kecuali cangkerang yang paling cantik, yang boleh anda simpan untuk hiasan.

e) Tapis cecair dari kerang melalui ayak yang sangat halus dan ketepikan. Buang semua cengkerang yang belum dibuka dan cengkerang kosong yang anda tidak mahu.

f) Seterusnya tumis bawang putih dan minyak bersama sehingga bawang putih menjadi perang, kemudian masukkan semua beras.

g) Gaul sebati sehingga nasi panas dan bersalut minyak dan bawang putih. Sekarang masukkan cecair dari kerang dan tomato.

h) Gaul bersama sehingga nasi menyerap cecair, kemudian mula masukkan stok ikan panas secara beransur-ansur.

i) Kacau sentiasa dan hanya tambahkan lebih banyak stok apabila jumlah sebelumnya telah diserap oleh beras.

j) Teruskan dengan cara ini sehingga nasi masak tiga suku, kemudian masukkan kerang masak dan pasli.

k) Perasakan dengan garam dan lada sulah dan sambung menambah stok, kacau dan tambah lagi stok setelah nasi telah menyerap stok sebelumnya.

l) Apabila nasi berkrim dan baldu, tetapi bijirin masih padat di tengah, keluarkan risotto dari api dan kacau dalam mentega.

m) Tutup dan biarkan berehat selama 2 minit, kemudian pindahkan ke pinggan yang telah dipanaskan, hias dengan kulit kerang yang disimpan dan hidangkan sekaligus.

68. Risotto kerang

Hasil: 4 hidangan

Bahan

- 1 kilogram kerang; dibersihkan
- 200 mililiter Wain putih kering
- 600 mililiter Stok ikan
- 3 sudu besar minyak zaitun extra virgin
- 750 gram mentega tanpa garam sejuk; dipotong dadu
- 1 biji bawang
- 2 ulas bawang putih; dicincang halus
- 1 2 1/2 cm pai halia akar segar, parut
- 1 cili merah; dibiji dan dicincang halus
- 350 gram beras Arborio atau beras lain
- 1 secubit benang safron; direndam dalam 1 sudu besar air suam
- 225 gram Sotong; dibersihkan dan dihiris
- 225 gram Udang harimau yang belum dimasak dikupas
- 2 tomato plum; dibiji dan dipotong dadu

- 2 sudu besar basil segar yang dicincang dan pasli daun rata
- Garam dan lada hitam yang baru dikisar

Arah:

a) Letakkan kerang dalam kuali dengan 50ml/2fl oz wain. Tutup rapat dan masak dengan api yang tinggi selama beberapa minit, goncang sekali-sekala, sehingga ia terbuka - buang mana-mana yang tidak. Tapis melalui penapis. Keluarkan daging dari kerang dan simpan.

b) Letakkan stok dalam kuali dan tuangkan dalam minuman keras memasak, tinggalkan sebarang pasir - anda sepatutnya mempunyai 300ml/setengah pain secara keseluruhan. Bawa hingga mendidih perlahan.

c) Panaskan dua sudu besar minyak dan 25g/1oz mentega dalam kuali tumis.

d) Masukkan bawang besar, bawang putih, halia dan cili dan masak selama kira-kira 5 minit sehingga lembut tetapi tidak keperangan.

e) Kacau beras dan masak selama beberapa minit sehingga pedas dan wangi. Masukkan baki wain dan biarkan buih, kacau. Masukkan senduk stok dan masak perlahan-lahan, kacau, sehingga diserap.

f) Teruskan menambah stok dengan cara ini, masukkan campuran kunyit selepas kira-kira 10 minit - keseluruhan proses mengambil masa 20-25 minit sehingga nasi lembut tetapi 'al dente'.

g) Panaskan baki sudu minyak dalam kuali. Masukkan sotong dan udang dan tumis selama 1-2 minit, kemudian masukkan tomato, herba dan daging kerang yang telah dikhaskan, gaulkan dan angkat dari api.

h) Kira-kira 2 minit sebelum risotto dimasak lipat dalam campuran kerang dan kemudian masukkan mentega yang tinggal, kacau sehingga mengemulsi. Hidangkan sekali gus.

69. Risotto udang gaya Cajun

Hasil: 4 Hidangan

bahan-bahan

- 29 auns sup ayam; 2 tin
- 1 paun udang sederhana; dicengkerang dan didevein
- 1 sudu teh Garam; dibahagikan
- 2 sudu besar minyak zaitun; dibahagikan
- 10 auns Tomato dengan cili hijau; tin (jus simpanan)
- 2 cawan beras Arborio

Arah:

a) Bawa sup dan $2\frac{3}{4}$ cawan air hingga mendidih dalam periuk besar.

b) Panaskan 1 sudu besar minyak dalam ketuhar Belanda dengan api yang tinggi selama 3 minit. Masukkan udang, ratakan dalam kuali. Masak 2 minit, pusing sekali, sehingga perang.

c) Masukkan tomato, cili hijau dan jus, rebus 1 hingga 2 minit; pindahkan adunan udang ke dalam mangkuk.

d) Kurangkan haba kepada sederhana tinggi. Masukkan baki minyak sudu ke dalam periuk. Masukkan nasi dan masak 1 minit, kacau sehingga bijirin berkilauan. Kacau dalam 1 cawan campuran sup dan masak, kacau sehingga cecair hanya diserap.

e) Secara beransur-ansur tambah baki campuran sup ke dalam nasi, $\frac{1}{2}$ cawan pada satu masa, kacau sentiasa sehingga cecair diserap, 20 hingga 25 minit lagi. Masukkan bancuhan udang dan baki $\frac{1}{2}$ sudu teh garam.

f) Hidangkan segera.

70. Kek ketam & risotto bawang hijau

Hasil: 4 hidangan

bahan-bahan

- 300 mililiter Whiting fillet
- 2 biji telur
- Garam dan lada putih yang dikisar
- 1 cili merah; berbiji dan halus
- ; dicincang
- ½ sudu teh ketumbar dikisar
- ½ sudu teh halia dikisar
- Sedikit perahan limau nipis parut halus
- 1 Bawang merah; dicincang halus
- 85 mililiter Krim berganda
- 100 gram daging ketam putih
- Tepung biasa dan serbuk roti kering untuk
- ; salutan
- 1 sudu besar minyak zaitun
- 2 Bawang merah; dicincang halus

- 1 ulas bawang putih; dicincang halus
- ½ sudu teh thyme segar; dicincang
- 200 gram beras Risotto
- 400 mililiter Stok sayur panas
- 2 sudu besar krim Double
- 100 gram Mascarpone
- 4 bawang besar; dicincang
- 75 gram Parmesan; parut
- 200 gram tomato plum; berkulit, berbiji
- 3 Bawang merah; dicincang halus
- 1 cili merah; berbenih
- 1 ulas bawang putih; hancur
- 4 sudu teh Vinaigrette Mustard
- Minyak sayuran untuk menggoreng
- 4 sudu besar minyak cili
- Tangkai chervil; untuk hiasan

Arah:

a) Untuk kek ketam, cairkan kapur putih dengan 1 biji telur hingga rata. Masukkan garam, lada sulah, cili, ketumbar, halia, kulit limau nipis dan bawang merah, kemudian masukkan krim dan daging ketam.

b) Bahagikan kepada empat dan bentuk bulat. Sejukkan sehingga padat.

c) Canai tepung, sapu dengan baki telur, pukul dan salutkan dengan serbuk roti. Salutkan lagi dengan tepung, telur dan serbuk, kemudian sejukkan kuih ketam sehingga masak.

d) Untuk risotto, panaskan minyak dalam kuali dan goreng bawang merah, bawang putih dan thyme sehingga lembut. Masukkan beras dan masak selama 2-3 minit, kemudian tuangkan stok panas.

e) Reneh selama 10-15 minit, kacau selalu, sehingga nasi lembut tetapi masih ada sedikit gigitan.

f) Apabila sedia untuk dihidangkan, masukkan krim dan panaskan semula. Masukkan mascarpone, daun bawang dan parmesan dan semak perasa.

g) Untuk salsa, campurkan semua Bahan dan sejukkan.

h) Untuk menghidangkan, goreng ketam dalam minyak panas sehingga kekuningan. Toskan di atas kertas dapur. Sudukan risotto panas di tengah-tengah empat hidangan hidangan dan letakkan kek ketam di atas setiap satu. Sudukan sedikit salsa pada setiap kek ketam dan renjiskan minyak cili di sekeliling risotto. Hiaskan dengan tangkai chervil.

71. Ikan salmon risotto

Hidangan 4

bahan-bahan:

- 400g (14oz) fillet salmon
- 1 daun salam
- garam laut 400g (14oz)
- 5 biji lada hitam
- 1 gelas wain putih kering
- 2 sudu besar pasli segar yang dicincang
- segenggam pasli
- kulit satu lemon yang sangat kecil
- 75g (3oz) mentega tanpa garam
- 4 keping salmon salai, dipotong menjadi jalur

Arah:

a) Basuh dan periksa ikan, keluarkan sebarang tulang yang kelihatan.

b) Masukkan daun bay, garam, biji lada, kulit limau dan pasli ke dalam periuk yang cukup besar untuk mengambil ikan dan tutup dengan air.

c) Reneh perlahan-lahan selama kira-kira 20 minit, kemudian turunkan salmon ke dalam air. Rebus selama kira-kira 10 minit, kemudian tutup dan matikan api.

d) Biarkan salmon berdiri sehingga masak dalam air berperisa panas.

e) Keluarkan ikan, kulit dan isi dengan berhati-hati, kemudian potong kecil.

f) Tapis dan simpan stok. Pastikan stok mereneh.

g) Goreng separuh mentega dan minyak dengan bawang merah sehingga lembut, dalam kuali yang dalam dan berat.

h) Masukkan beras dan bakar bijirin dengan teliti, kemudian masukkan wain.

i) Masak selama 2 atau 3 minit untuk membolehkan alkohol terbakar, kemudian mula masukkan stok salmon panas, kacau sentiasa dan sentiasa membenarkan cecair diserap sebelum menambah lebih banyak.

j) Lima minit sebelum nasi masak, masukkan isi ikan yang telah dimasak, pecahkan sedikit semasa anda mengacaunya.

k) Apabila nasi empuk, angkat periuk dari api dan masukkan mentega.

l) Tutup dengan tudung dan biarkan berehat selama 2 minit, kemudian pindahkan ke pinggan. Taburkan dengan pasli cincang, kulit limau dan jalur kecil salmon salai untuk dihidangkan.

72. Risotto kerang

Hasil: 4 Hidangan

bahan-bahan

- 1½ cawan daging udang karang (atau udang galah sebagai pengganti)
- 1 cawan beras panjang (bijirin panjang)
- 4 auns Bacon
- 1½ cawan sos putih
- 18 Tiram, manik
- ½ sudu teh Garam
- 2 sudu besar sherry kering
- ½ cawan tomato, dibelah dua
- 3 biji lemon, dihiris
- Pasli

Arah:

a) Potong daging dan goreng. Panaskan dalam ketuhar 2. Gunakan sedikit lemak bacon untuk menggoreng nasi.

b) Kacau beras semasa digoreng dan goreng sehingga perang.

c) Masukkan empat cawan air mendidih dan garam dan masak nasi sehingga empuk. Toskan air dan biarkan nasi panas di dalam ketuhar.

d) Buat sos putih dan masukkan sherry. Kemudian campurkan udang dan tiram dan masukkan garam dan lada sulah secukup rasa.

e) Hidangkan di atas pinggan besar dengan udang karang di tengah dan hirisan tomato dan lemon diselitkan dengan pasli di sekeliling tepi.

73. Risotto ikan rosemary panggang

Hasil: 1 hidangan

bahan-bahan

- 3 sudu besar minyak zaitun
- 2 sudu besar jus lemon
- 2 sudu besar rosemary yang baru dicincang
- garam dan lada sulah secukup rasa
- 4 fillet besar John Dory atau ikan berdaging padat

Risotto

- 1 liter stok ayam, ikan atau sayur-sayuran
- 2 sudu besar mentega atau minyak
- 1 bawang kecil, dicincang halus
- 1 ulas bawang putih, ditumbuk
- 1 cawan beras arborio
- 100ml jus wain putih
- perahan 1 lemon
- 100g keju parmesan parut halus
- garam dan lada hitam yang baru dikisar

Arah:

a) Campurkan minyak, jus lemon, rosemary dan garam dan lada bersama. Letakkan isi ikan dalam adunan ini dan ketepikan sehingga diperlukan. Untuk memasak, letakkan di bawah gril yang dipanaskan selama 3-4 minit setiap sisi.

b) Masukkan stok dalam kuali dan biarkan mendidih perlahan. Panaskan minyak dalam kuali lebar yang berat, dan masukkan bawang merah dan bawang putih, masak dengan teliti sehingga lembut. Masukkan beras dan gaul rata hingga disalut dengan minyak atau mentega.

c) Kacau dalam wain dan masak sehingga ia diserap, kemudian masukkan sedikit stok. Kacau sentiasa dan terus masukkan stok kerana ia meresap ke dalam nasi.

d) Selepas kira-kira 25 minit risotto sepatutnya telah menyerap kebanyakan stok dan dimasak dan berkrim.

e) Masukkan jus lemon dan perahkan parmesan, garam dan lada sulah.

f) Rasa untuk perasa yang betul dan hidangkan sekali gus bersama ikan bakar.

74. Risotto mullet kelabu

Hasil: 4 hidangan

bahan-bahan

- 4 fillet belanak kelabu dipotong
- 55 gram Beras Canaroli
- 30 gram Mentega
- 1 Bawang merah kecil; dicincang halus
- 1 Desert Sudu rosemary dicincang pucat
- 290 mililiter Air atau Stok
- 1 buah pala; parut
- 290 mililiter Stok Ikan
- 1 Bawang merah kecil; cincang kasar
- 110 gram Mentega Tanpa Masin

Arah:

g) Campurkan minyak, jus lemon, rosemary dan garam dan lada bersama. Letakkan isi ikan dalam adunan ini dan ketepikan sehingga diperlukan. Untuk memasak, letakkan di bawah gril yang dipanaskan selama 3-4 minit setiap sisi.

a) Peluh bawang merah dalam mentega selama beberapa minit, masukkan beras, perasakan dan masak sehingga ia mula mengeluarkan aroma pedas. Masukkan stok sedikit demi sedikit menunggu sehingga setiap penambahan telah diserap sehingga lebih banyak ditambah.

b) Apabila semua stok telah habis, jauhkan nasi dari api dan kacau dengan rosemary.

c) Peluh bawang merah dan buah pala dalam kira-kira setengah auns mentega.

d) Masukkan stok ikan dan kurangkan sehingga tinggal satu pertiga, potong dadu mentega yang tinggal dan pukul secara beransur-ansur ke dalam sos mendidih, semak perasa dan tapis.

e) Goreng daging ikan dalam kuali yang panas dan kemudian masak bahagian atas kulit di bawah panggangan yang agak panas ini akan mengambil masa 5-8 minit.

f) Untuk menghidangkan, letakkan sedikit risotto di tengah pinggan, ikan di atasnya dan kelilingi dengan sos.

75. Risotto udang galah kari

Hasil: 1 Hidangan

bahan-bahan

- 2 paun Udang Galah Dimasak, Dibuang tulang
- 1½ sudu teh Minyak Kacang Tanah
- 4 biji bawang merah kecil; dipotong dadu
- 2 sederhana Bawang Sepanyol; dipotong dadu
- ½ lobak merah; potong dadu halus
- 1 Batang Saderi; potong dadu halus
- 1 sudu teh Akar Halia Segar; potong dadu halus
- 2 Ulas Bawang Putih; cincang
- 2 sudu teh Serbuk Kari; India Barat
- 1 cawan Nasi Arborio, Gaya Itali
- 3 biji tomato Roma; kulit/berbiji
- 8 cawan Stok Ayam Atau Lobster
- ½ sudu besar Ketumbar Cincang
- 1 sudu besar Thai Basil, Atau Biasa
- 2 sudu besar Keju Parmesan

- 1½ sudu besar Mentega Tanpa Masin
- ½ cawan Betik; kiub
- ½ cawan mangga; kiub
- ½ pisang; dihiris
- Garam, secukup rasa

Arah:

h) Campurkan minyak, jus lemon, rosemary dan garam dan lada bersama. Letakkan isi ikan dalam adunan ini dan ketepikan sehingga diperlukan. Untuk memasak, letakkan di bawah gril yang dipanaskan selama 3-4 minit setiap sisi.

a) Panaskan minyak kacang dan tumis bawang merah, bawang besar, lobak merah, saderi, halia, bawang putih, serbuk kari dan nasi hingga sayur lembut. Masukkan tomato dan separuh daripada stok.

b) Biarkan mendidih. Kecilkan api hingga mendidih, tidak bertutup, kacau sekali-sekala. Kurangkan sehingga stok hampir habis. Masukkan baki stok dan ulang proses sehingga beras al dente dan stok telah sejat. Tambah Bahan yang tinggal. Gaul rata atas api yang tinggi.

c) Perasakan dengan garam, secukup rasa, dan masukkan daging udang galah. Kacau dan hidangkan segera.

76. Risotto dengan daging ketam

Hasil: 6 hidangan

bahan-bahan

- 3 sudu besar Mentega
- 1 Bawang kecil, dikisar
- $1\frac{1}{2}$ cawan beras Arborio
- 5 cawan stok ayam
- $\frac{1}{2}$ cawan krim putar
- $3\frac{1}{2}$ auns keju kambing segar
- 8 auns Daging Ketam
- $\frac{1}{3}$ cawan basil segar yang dicincang

Arah:

a) Campurkan minyak, jus lemon, rosemary dan garam dan lada bersama.

b) Letakkan isi ikan dalam adunan ini dan ketepikan sehingga diperlukan. Untuk memasak, letakkan di bawah gril yang dipanaskan selama 3-4 minit setiap sisi.

c) Cairkan mentega dalam periuk besar yang berat dengan api sederhana. Masukkan bawang cincang dan tumis sehingga lut sinar, kira-kira 3 minit.

d) Masukkan nasi dan tumis 1 minit. Masukkan 1 cawan stok ayam ke dalam nasi, kecilkan api dan renehkan sehingga cecair diserap, kacau selalu.

e) Teruskan menambah baki stok ayam secukupnya 1 cawan pada satu masa sehingga nasi hanya lembut tetapi masih padat untuk digigit, kacau kerap dan membenarkan setiap penambahan diserap sebelum menambah seterusnya, kira-kira 20 minit. Masukkan krim putar dan reneh selama 2 minit.

f) Campurkan keju kambing, kemudian daging ketam dan selasih cincang. Perasakan risotto secukup rasa dengan garam dan lada sulah.

77. Risotto udang

Hasil: 4 hidangan

bahan-bahan:

- 550 gram Udang mentah mentah
- 1¼ liter stok sayur atau ayam
- 85 gram mentega tanpa garam
- 2 Bawang merah; dicincang
- 2 ulas bawang putih; dicincang
- 300 gram beras Risotto
- 1 tangkai kecil rosemary; 4 cm panjang
- 1 daun salam
- 250 gram tomato masak, dicincang
- 1 Wain putih kering segelas yang banyak
- 2 sudu besar pasli cincang
- 3 sudu besar Cicely manis dicincang
- 30 gram keju Parmesan; baru diparut
- Garam dan lada

Arah:

a) Kupas udang, simpan isinya. Panaskan 15g/ 1/2oz mentega dalam kuali yang cukup besar untuk stok dengan ruang yang terluang.

b) Apabila berbuih, masukkan kulit dan kepala udang dan kacau sehingga berubah menjadi merah jambu kerang yang cantik. Masukkan stok dan 600ml/1 pain air dan didihkan. Reneh selama 30 minit untuk mengeluarkan rasa udang dan tapis.

c) Untuk Udang: Jika anda dapat melihat garis hitam mengalir di belakang mereka, buat celah dengan hujung pisau tajam di bahagian belakang dan keluarkan usus hitam halus dari bawah permukaan. Jika ia adalah harimau, raja atau sejenis udang besar, belah dua atau ketiga setiap satu.

d) Rebus stok sekali lagi jika perlu dan kecilkan api menjadi benang supaya ia kekal panas dan tidak mendidih. Cairkan 45g/1 1/2oz baki mentega dalam kuali lebar.

e) Goreng bawang merah dan bawang putih dengan lembut dalam mentega sehingga lut sinar, tanpa keperangan. Masukkan rosemary, beras dan daun bay ke dalam kuali dan kacau selama kira-kira seminit sehingga nasi menjadi lut sinar.

f) Masukkan tomato, pasli dan wain. Perasakan dengan garam dan banyak lada sulah, dan biarkan mendidih. Kacau adunan beras secara berterusan sehingga semua cecair telah diserap. Tambah senduk besar stok, dan kacau sehingga semua itu telah diserap juga.

g) Ulangi sehingga nasi lembut tetapi dengan sedikit pejal, walaupun pasti tidak berkapur. Konsistensi harus hampir pada sup, kerana ia masih mempunyai beberapa minit lagi.

h) Masa yang diambil untuk cecair diserap dan nasi untuk dimasak hendaklah kira-kira 20-25 minit.

i) Akhir sekali masukkan udang dan cicely manis dan masak, kacau selama 2-3 minit lagi, sehingga udang menjadi merah jambu. Masukkan baki mentega dan Parmesan, rasa dan laraskan perasa, dan kemudian hidangkan.

78. Risotto dengan cumi

Hasil: 1 hidangan

bahan-bahan:

- 1½ paun Sotong dengan sesungut
- 4 sudu besar minyak zaitun
- 1 Bawang besar; dicincang
- 1 setiap Pimiento; dicincang
- 1 setiap tomato; dikupas, dicincang
- 2 ulas bawang putih; cincang
- 1 sudu besar pasli, dicincang
- Garam kosher; untuk rasa
- Lada; untuk rasa
- 1 secubit benang kunyit
- ½ setiap lada cili, deveined; hancur
- ¼ cawan wain merah kering
- 2 cawan beras bijirin pendek
- 3 cawan air rebusan ikan atau jus tuntutan, dipanaskan hingga mendidih

- 1 setiap Pimiento, potong menjadi jalur

Sos Bawang Putih

- 3 ulas bawang putih, ditumbuk
- ½ cawan minyak zaitun

Arah:

a) Bersihkan sotong, simpan kantung dakwat dan sesungutnya. Potong sotong menjadi cincin selebar ½ inci atau menjadi kepingan. Potong sesungut.

b) Dalam kaserol yang lebar dan cetek, sebaik-baiknya tembikar dengan lebar kira-kira 12 inci, panaskan minyak dan tumis bawang sehingga layu.

c) Masukkan cincin dan sesungut sotong dan tumis selama 5 minit; kemudian masukkan pimiento cincang, tomato, bawang putih, pasli, garam, lada sulah, kunyit, dan lada cili.

d) Tutup dan reneh selama 30 minit. Pecahkan kantung dakwat ke dalam cawan dan campurkan dengan wain. Lulus campuran ini melalui ayak beberapa kali sehingga kebanyakan dakwat dikeluarkan. Rizab.

e) Masukkan beras dan air rebusan panas mendidih ke dalam kaserol dan kacau dalam campuran dakwat. Perasakan dengan garam dan lada sulah. Didihkan dan masak dengan api sederhana besar, tidak bertutup, dan kacau sekali-sekala, selama 10 minit, atau sehingga nasi tidak lagi berkuah tetapi masih ada cecair.

f) Hiaskan dengan jalur pimiento dan pindahkan ke ketuhar 325 darjah. Bakar selama 15 minit, tidak bertutup, sehingga cecair diserap tetapi nasi belum matang. Keluarkan dari ketuhar, tutup sedikit dengan foil dan biarkan selama 10 minit.

g) Semasa nasi berehat, buat sos bawang putih. Letakkan bawang putih yang dihancurkan dalam pemproses atau pengisar. Secara beransur-ansur, dengan motor berjalan, tuangkan minyak. Kisar hingga sebati. Hidangkan secara berasingan.

79. Risotto monkfish dengan kunyit

Hasil: 1 hidangan

bahan-bahan:

- 6 kecik Isi monkfish
- nasi
- 1 sachet kunyit
- 2 sudu besar Mentega
- 1 kiub stok ikan
- Minyak perap; atau minyak zaitun untuk menggoreng
- Garam laut; taburan
- Lada; taburan

Arah:

a) Rebus beras mengikut arahan paket, masukkan stok ikan dan kunyit.

b) Masukkan mentega apabila sudah siap.

c) Letakkan kepingan ikan di atas griddle dan masak di atas dapur di kedua-dua belah selama kira-kira 10 minit.

d) Taburkan garam laut dan lada sulah pada ikan dan renjiskan sedikit minyak yang diperap, atau hanya minyak zaitun.

e) Campurkan nasi dan ikan untuk membuat risotto.

80. Risotto marinara

Hasil: 1 hidangan

bahan-bahan:

- 1 sudu besar minyak zaitun
- 2 ulas bawang putih; cincang
- 200 gram Cumi; dibasuh
- 200 gram udang hijau mentah; kepala dan cengkerang dikeluarkan
- 1 200 gram fillet salmon Atlantik; dipotong dadu
- ½ cawan pasli cincang
- 1 sudu besar minyak zaitun
- 10 daun bawang; dicincang
- 400 gram beras feron
- 300 mililiter Wain putih kering
- 800 mililiter Stok ikan yang kaya; menggelegak
- 4 tomato Roma; dicincang halus
- 1 sudu besar Krim masam
- 2 sudu besar keju parmesan parut

- ½ cawan pasli dicincang halus

Arah:

a) Panaskan minyak zaitun dan tumis bawang putih perlahan-lahan.

b) Masukkan makanan laut yang telah disediakan dan masak sebentar sehingga ikan dan kerang menjadi legap, tambah pasli pada saat terakhir. Angkat dari api dan ketepikan.

c) Panaskan baki sudu minyak zaitun dan tumiskan daun bawang. Masukkan beras, kacau hingga menyalut.

d) Masukkan wain putih dan biarkan ia meresap kemudian masukkan penambahan pertama stok ikan bersama-sama tomato yang dicincang halus.

e) Teruskan memasak, tambahkan tambahan stok apabila stok sebelumnya diserap.

f) Apabila stok hanya tinggal sedikit, masukkan campuran ikan yang telah dimasak dan semua jusnya dengan penambahan stok terakhir dan teruskan reneh selama kira-kira 2 minit, atau sehingga kebanyakan cecair diserap.

g) Masukkan krim masam, keju dan pasli, kacau rata untuk menggabungkan dan berkhidmat dengan segera.

81. Risotto scampi

Hasil: 6 Hidangan

bahan-bahan:

- ½ paun Udang -- dikupas
- 1 ulas bawang putih -- dikisar
- 3 sudu besar jus lemon
- 1 sudu besar Parsley -- dicincang halus
- 3 sudu besar Mentega
- 1 ulas bawang putih -- dikisar
- 1 Bawang kecil -- dihiris halus
- 1¼ cawan stok ayam
- ½ cawan wain putih
- 1 cawan beras Arborio
- ¼ cawan keju Parmesan -- parut

Arah:

a) UNTUK MENYEDIAKAN UDANG: Kupas, buang urat, dan potong dua. Toskan dengan jus lemon, bawang putih, dan pasli.

b) Letakkan dalam pinggan kaca dan ketuhar gelombang mikro selama 3 minit pada suhu tinggi. Mengetepikan.

c) UNTUK MENYEDIAKAN RISOTTO: Dalam hidangan hidangan kaca, satukan mentega, bawang putih dan bawang besar. Masak dengan api yang tinggi 2-3 minit. Kacau nasi hingga menyalut. Masukkan sup dan wain yang dipanaskan. Tutup dan masak selama 6 minit sehingga mendidih.

d) Kurangkan tinggi kepada sederhana dan masak lagi 6 minit. Masukkan udang dan jusnya dan masak 3 minit di atas api. Campurkan keju dan biarkan selama 5 minit.

82. Bakar risotto jagung keju

Hasil: 4 Hidangan

bahan-bahan:

- 1 sudu besar Mentega
- 1 Bawang besar, dicincang
- 1 cawan lada merah manis, dicincang
- 1 cawan lada hijau manis, dicincang
- 1 cawan Arborio atau beras bijirin pendek
- 1½ cawan air panas
- 2 cawan biji jagung
- 1 cawan Susu
- 1 biji telur
- 2 sudu teh tepung serba guna
- 1¼ sudu teh Garam
- ¾ sudu teh Lada
- 2 cawan White Old Cheddar, dicincang
- ⅓ cawan selasih segar, dicincang
- 1 biji tomato, dihiris

- 1 sudu besar Parmesan, parut baru

Arah:

a) Dalam periuk besar, cairkan mentega dengan api sederhana; masak bawang dan lada merah dan hijau, kacau sekali-sekala, selama 5 minit. Tambah nasi; masak, kacau, selama 1 minit. Tambah air dan jagung; masak sehingga mendidih.

b) Kurangkan haba kepada rendah; tutup dan masak selama kira-kira 15 minit atau sehingga cecair diserap.

c) Pukul susu, telur, tepung, garam dan lada sulah; kacau ke dalam adunan nasi bersama Cheddar dan basil. Tuangkan ke dalam loyang bersaiz 8 inci persegi yang telah digris. Susun hirisan tomato di atas; taburkan dengan Parmesan.

d) Bakar di atas loyang dalam ketuhar 350F 180C selama 25-35 minit atau sehingga cecair diserap. Biarkan selama 5 minit.

83. Risotto Iotian

Hasil: 6 Hidangan

bahan-bahan

- 4 sudu besar Mentega
- $2\frac{1}{2}$ cawan Bawang; mencincang
- $2\frac{1}{2}$ cawan beras bijirin panjang mentah
- 1 cawan wain putih kering
- 5 cawan air rebusan ayam
- $1\frac{1}{2}$ sudu teh Garam
- $\frac{1}{2}$ paun keju Swiss; menjengkelkan
- 2 sudu besar Mentega
- 7 auns cendawan tin
- 2 sudu besar pasli; mencincang

Arah:

a) Cairkan mentega dalam periuk 4 liter dan goreng bawang di dalamnya sehingga keemasan. Masukkan beras, kacau sehingga ia disalut dengan mentega.

b) Masukkan wain putih dan sup (yang boleh menjadi sebahagian sup ayam dan sebahagian air) dan garam.

c) Didihkan, tutup dan renehkan sehingga nasi empuk. Cecair akan diserap, tetapi nasi tidak akan kering dan gebu. Masa memasak dari apabila nasi mula mendidih sehingga ia lembut hendaklah kira-kira 20 minit.

d) Masukkan keju Swiss, kacau untuk mencampurkannya dengan baik dan mencairkannya.

e) Keluarkan periuk dari api dan ketepikan, bertutup. Cairkan mentega dalam periuk dan masukkan cendawan toskan.

f) Masak mereka beberapa minit sehingga mereka benar-benar panas. Jangan coklat mereka.

g) Masukkan nasi yang telah dimasak dalam mangkuk besar, taburkan dengan pasli dan kemudian tuangkan cendawan ke atas semua. Hidangkan segera.

84. Risotto couscous dengan pecorino

Hasil: 1 Hidangan

bahan-bahan

- ⅓ cawan Bawang Merah Atau Bawang Hijau, dicincang
- 1 sudu besar Bawang Putih Hiris
- 2 cawan Cendawan Shiitake, hiris, buang batang
- 2 sudu besar Minyak Zaitun
- 2 cawan Couscous Jenis Israel (Besar)
- ½ cawan Wain Putih Kering
- 4 cawan Stok Ayam Atau Sayur Kaya
- 1 Sudu Besar Perahan Lemon, parut
- ½ cawan Tomato Matang Pejal, dibiji, dipotong dadu
- ¼ cawan daun bawang, dicincang
- ½ cawan Keju Pecorino, parut baru
- Cendawan Liar Segar, Bakar
- Daun Bawang Bakar

Arah:

a) Tumis bawang merah, bawang putih dan shiitake dalam minyak zaitun sehingga berwarna cerah. Masukkan couscous dan tumis selama satu atau dua minit lagi. Masukkan wain dan 1 cawan stok dan kacau sekali-sekala sehingga cecair diserap.

b) Masukkan baki stok dan terus masak dan kacau sekali-sekala sehingga stok hampir serap (kira-kira 10 minit). Kacau dalam kulit limau, tomato, daun kucai dan keju dan hidangkan segera dalam mangkuk hangat yang dihiasi dengan cendawan panggang dan daun bawang jika digunakan.

85. Risotto milanese

Hasil: 1 Hidangan

bahan-bahan

- 1 sederhana 1% Susu; dicincang
- 5 sudu besar Mentega
- 3 sudu besar minyak zaitun
- 2 cawan beras Arborio
- ¾ cawan wain putih
- ½ cawan Parmesan Reggiano
- 6 cawan Stok; (sehingga 8)
- 1 secubit Safron

Arah:

a) Panaskan stok hingga mendidih, kemudian kecilkan api kepada suam, jadi ia betul-betul di bawah reneh untuk keseluruhan operasi. Keluarkan kira-kira ½ C stok, dan tambahkan secubit besar kunyit yang dihancurkan ke dalamnya.

b) Dalam kuali risotto anda, cairkan 3 T mentega bersama-sama dengan 3 T minyak zaitun. Kemudian masukkan bawang besar, kecilkan api dan tumis hingga bawang lembut dan baru bertukar warna keemasan. Kacau, semakin hampir ke penghujung, supaya mereka tidak hangus. Semasa itu berlaku, parut kira-kira $\frac{1}{2}$ C keju.

c) Apabila bawang siap, masukkan beras, besarkan api ke sederhana, dan kacau selama kira-kira 3 minit sehingga nasi kelihatan seperti permata.

d) Masukkan wain dan biarkan mendidih dan wap. Mula menambah stok, kira-kira secawan sekali. Masukkannya, kacau sentiasa, dan biarkan ia menyerap, kemudian masukkan cawan lain, dan seterusnya, sehingga ia al dente.

e) Apabila nasi hampir siap (dan menjadi berkrim), anda mungkin mahu menambah stok setengah cawan pada satu masa supaya tidak menjadi terlalu berair.

f) Masukkan stok dengan kunyit di dalamnya kira-kira 20 minit.

g) Risotto dibuat apabila ia dimasak tetapi al dente. Rasa sentiasa semasa anda pergi untuk memantau. Tutup api. Masukkan keju dan mentega yang tinggal. kacau.

h) Laraskan garam. Hidangkan dengan baki wain.

86. Tiga risotto keju

Hasil: 8 hidangan

bahan-bahan

- 1 sudu besar minyak zaitun
- 1 cawan bawang cincang
- 1 garam; untuk rasa
- 1 lada putih yang baru dikisar; untuk rasa
- 6 cawan stok ayam
- 2 sudu teh bawang putih cincang
- 1 paun beras arborio
- 1 sudu besar mentega
- ¼ cawan krim berat
- ¼ cawan parut keju parmigiano-reggiano
- ¼ cawan keju romano parut
- ¼ cawan keju Asiago parut
- 2 sudu besar daun kucai dicincang

Arah:

a) Dalam kuali tumis yang besar, dengan api sederhana, masukkan minyak zaitun. Apabila minyak sudah panas, masukkan bawang besar dan perasakan dengan garam dan lada sulah.

b) Tumis selama 3 minit, atau sehingga bawang agak lembut. Masukkan stok dan bawang putih. Didihkan cecair dan kecilkan sehingga mendidih. Masak selama 6 minit.

c) Masukkan beras dan reneh selama 18 minit, kacau sentiasa, atau sehingga adunan berkrim dan berbuih. Masukkan mentega, krim, keju dan daun kucai. Perasakan dengan garam dan lada sulah. Reneh selama 2 minit dan hidangkan segera.

87. Jalapeño risotto dengan keju jack

Hasil: 6 Hidangan

bahan-bahan

- 6 cawan stok ayam tanpa garam
- ½ cawan mentega tanpa garam
- 1 cawan bawang cincang
- 6 lada jalapeño sederhana; biji/cincang
- 1 ulas bawang putih; cincang
- 1½ cawan beras Arborio
- 1 cawan keju Jack kering

Arah:

a) Dalam periuk berat, masak stok hingga mendidih dengan api yang tinggi. Keluarkan dari haba dan simpan panas.

b) Dalam periuk besar yang berat, cairkan mentega dengan api yang sederhana rendah. Masukkan bawang, jalapeño dan bawang putih dan masak, kacau sekali-sekala, sehingga lembut, 6 hingga 8 minit. Masukkan beras dan kacau hingga sebati dengan mentega.

c) Kacau dalam 1 cawan stok panas dan masak, kacau, sehingga cecair diserap, 10 hingga 12 minit.

d) Teruskan memasak risotto, menambah stok panas, $\frac{1}{2}$ cawan pada satu masa, dan kacau sehingga diserap dan bijirin hanya lembut tetapi masih padat untuk digigit, 30 hingga 40 minit.

e) Parut keju. Kacau $\frac{1}{3}$ cawan keju ke dalam risotto. Tutup dan biarkan selama 3 minit. Hidangkan di atas pinggan dan hantar baki keju dan kilang lada secara berasingan. Hidangkan 6 sebagai hidangan pertama.

88. Daun bawang dan risotto mascarpone

Hasil: 1 hidangan

bahan-bahan:

- 3½ pain Stok sayur atau ayam
- 3 auns mentega tanpa garam
- 4 daun bawang; dihiris (bahagian putih
- ; sahaja)
- 1 sudu teh daun thyme dicincang
- 6 auns keju Mascarpone
- 2 Bawang; dicincang halus
- 1 paun beras Arborio atau cararoni
- 1 Gelas wain putih kering
- 3 auns Parmesan parut
- 4 sudu besar pasli cincang
- Garam dan lada hitam yang dikisar
- Biji bunga matahari; dibakar

Arah:

a) Cairkan separuh mentega dalam kuali, masukkan bawang, thyme dan daun bawang dan peluh selama 5-6 minit. Masukkan nasi dan masak sehingga bersalut mentega sepenuhnya.

b) Tuangkan wain, kacau kemudian masukkan stok secara beransur-ansur dan masak selama kira-kira 15 minit. Kemudian kacau dalam keju mascarpone, diikuti dengan parmesan.

c) Masukkan pasli cincang dan baki mentega untuk memberikan kilauan seperti sutera pada hidangan. Perasakan dengan lada hitam dan garam dan kacau lagi.

d) Sendukkan risotto ke dalam hidangan dan hiaskan dengan pasli dan biji bunga matahari panggang.

89. Risotto walnut pesto

Hasil: 4 Hidangan

bahan-bahan:

- 1½ sudu besar minyak sayuran
- ¾ cawan Bawang, dicincang
- 1 cawan beras Arborio
- 3 cawan air rebusan ayam rendah lemak
- ¼ cawan Pesto Hampir Tidak Berlemak
- ½ cawan Walnut
- ¾ cawan keju Parmesan
- Lada hitam yang baru dikisar

Arah:

a) Panaskan minyak dalam hidangan selamat gelombang mikro 2 liter pada High selama 2 minit. Kacau bawang dan masak pada High selama 2:30. Kacau nasi hingga salut dengan minyak dan masak 1:30. Masukkan 2 cawan air rebusan dan masak di atas api selama 14 minit, kacau sekali.

b) Masukkan baki sup dan pesto dan masak selama 12 minit, kacau sekali. Uji kematangan semasa beberapa minit terakhir memasak. Keluarkan dari ketuhar gelombang mikro dan kacau dalam walnut dan Parmesan. Hidangkan segera.

90. Risotto lapan herba

Hasil: 4 Hidangan

bahan-bahan:

- Minyak zaitun extra virgin
- 1 ulas bawang putih
- 7 auns beras tidak melekat
- 1 cawan wain putih
- 4 tomato dikupas; dicincang
- garam
- 1 Pat mentega
- 4 sudu besar Parmigiano Reggiano
- 3 sudu besar Krim
- 6 helai daun selasih
- 4 helai daun Biji
- 1 tangkai pasli
- Sedikit jarum rosemary segar
- 1 secubit Thyme
- 1 kuntum daun kucai

- 3 tangkai dill segar

Arah:

a) Cincang herba halus dan goreng ringan dalam sedikit minyak zaitun, bersama bawang putih.

b) Sementara itu masak tomato cincang dalam air garam.

c) Keluarkan bawang putih dan masukkan nasi, tumis sebentar dan masukkan secawan wain putih.

d) Apabila cecair sejat, masukkan tomato cincang.

e) Tambah setitik mentega, parmigiano yang banyak dan beberapa sudu krim di hujungnya.

91. Risotto wain putih berkilauan

Hidangan 4

bahan-bahan:

- 1 bawang, dikupas dan dicincang halus
- 1/2 hingga 1 botol Spumante Kering
- 1/4 batang saderi, dicincang sangat halus
- 1.2 liter (2 pain) stok ayam
- 75g (3oz) mentega tanpa garam
- garam laut dan lada hitam yang baru dikisar
- 400g (14 oz) sebaiknya beras Arborio
- 50g (2oz) keju Grana Padano parut

Arah:

a) Goreng bawang dan saderi dengan sangat lembut dalam separuh mentega sehingga lembut dan lut sinar.

b) Masukkan semua nasi dan bakar bijirin, putarkannya dalam mentega dan bawang sehingga sangat panas tetapi tidak keperangan.

c) Kacau dalam segelas besar penuh Spumante dan kacau sehingga alkohol telah sejat, kemudian tambah lebih banyak wain dan ulangi.

d) Apabila semua wain, kecuali satu gelas terakhir, telah digunakan dan asap dari alkohol telah direbus, mula menambah stok panas.

e) Kacau sentiasa dan biarkan semua cecair diserap sebelum menambah lagi.

f) Teruskan memasak nasi dengan cara ini, kacau dan pastikan beras sentiasa menyerap stok sebelum anda menambah lebih banyak cecair.

g) Apabila risotto berkrim dan baldu, tetapi bijirin beras masih pejal untuk digigit, keluarkan api dan kacau dalam baki mentega, keju dan gelas terakhir Spumante.

h) Laraskan perasa dan tutup selama kira-kira 2 minit, kemudian kacau perlahan-lahan sekali lagi dan pindahkan ke dalam pinggan yang telah dipanaskan.

92. Risotto epal

Hasil: 1 Hidangan

bahan-bahan:

- 2 sudu besar mentega manis; tambah 2 T
- 2 sudu besar minyak zaitun dara
- 1 bawang merah besar; dicincang halus
- 2 epal Granny Smith, dikupas, dibuang biji; dihiris 1/8" keping
- $1\frac{1}{2}$ cawan beras Arborio
- 1 cawan wain putih kering
- 4 cawan stok ayam buatan sendiri
- $\frac{1}{4}$ cawan Parmigiano-Reggiano yang baru diparut
- 1 sekumpulan pasli daun rata Itali
- Garam dan lada hitam tanah; untuk rasa

Arah:

a) Panaskan 2 sudu besar mentega manis dan minyak zaitun dara sehingga cair bersama.

b) Masukkan bawang besar dan masak dengan api sederhana hingga lembut dan belum keperangan. Tambah epal dan nasi dan masak kira-kira 3 hingga 4 minit, sehingga nasi memperoleh kualiti legap mutiara. Masukkan wain dan reneh sehingga sejat.

c) Masukkan stok ayam suam secukupnya untuk menutup nasi dan masak sehingga paras cecair turun di bawah bahagian atas nasi.

d) Teruskan memasak, menambah stok dan kacau sentiasa sehingga kebanyakan stok habis, kira-kira 15 hingga 18 minit.

e) Masukkan baki 2 sudu mentega, keju parut dan pasli dan perasakan dengan garam dan lada sulah. Hidangkan segera dengan tambahan keju parut di sebelah.

93. Lempeng risotto strawberi

Hasil: 1 hidangan

bahan-bahan:

- Strawberi; dicincang
- Nasi Arborio
- bawang cincang
- Mentega
- Santan
- krim
- Stok sayur
- Wain putih
- Lempeng siap sedia
- gula
- Mentega
- Lemon
- buah oren
- kapur
- Brandy

Arah:

a) Letakkan sedikit mentega dalam kuali panas. Masukkan minyak zaitun, bawang besar dan masak hingga perang kemudian masukkan nasi dan tumis.

b) Masukkan wain putih, strawberi dan stok sayuran. Gaul sebati. Dalam kuali kecil panaskan lagi strawberi dan masukkan gula dan brendi. Tambahkan ini pada risotto dengan sedikit mentega tambahan, santan dan krim tunggal.

Pancake:

c) Panaskan sedikit mentega dalam kuali dan masukkan gula, lemon, jus oren dan biarkan hingga perang. Perkenalkan penkek ke dalam adunan dan tutup dengan perahan limau, oren dan limau.

d) Masukkan brendi dan flambé, kemudian masukkan jus oren dan lemon.

e) Hidangkan dengan sedikit aiskrim kelapa.

94. Risotto labu dan epal

Hasil: 8 Hidangan

bahan-bahan:

- 2 cawan labu bakar; tulen
- 2 cawan cider epal; atau jus epal
- 2 sudu besar minyak zaitun; dibahagikan
- 2 cawan beras Arborio
- $2\frac{1}{2}$ cawan air panas; dibahagikan, sehingga 3 Cawan
- $\frac{1}{2}$ cawan bawang cincang
- $\frac{1}{2}$ cawan epal yang dikupas; dibiji dan dipotong dadu
- $\frac{1}{4}$ cawan lada loceng merah panggang; dikupas, dibiji dan dipotong dadu
- $\frac{1}{2}$ cili bonet Scotch; dibiji dan dikisar ATAU 1 sudu teh botol sos panas
- $\frac{1}{4}$ cawan cili poblano panggang; dikupas, dibiji dan dipotong dadu
- $\frac{1}{2}$ sudu teh kayu manis tanah
- $\frac{1}{4}$ sudu teh lada sulah yang dikisar
- 2 sudu besar marjoram segar

- 1 sudu teh Garam
- ¾ sudu teh lada hitam yang baru dikisar
- ¼ cawan biji labu bercengkerang

Arah:

a) Letakkan 1 cawan puri labu dalam periuk dengan sider atau jus. Biarkan mendidih, masak sehingga panas, kira-kira 2 minit. Ketepikan, panaskan.

b) Dalam periuk berasingan, panaskan separuh minyak dengan api sederhana-perlahan. Tambah nasi; tumis sehingga setiap butir bersalut minyak. Kacau dalam 2 cawan air panas; bawa hingga mendidih. teruskan memasak dan kacau sehingga sebahagian besar air diserap.

c) Masukkan campuran labu-cider ¼ cawan pada satu masa, berselang seli dengan baki air panas, kacau dan masak perlahan antara setiap penambahan sehingga cecair diserap dan nasi adalah al dente, kira-kira 20 minit. Keluarkan dari haba; tetap hangat.

d) Dalam kuali tumis sederhana, panaskan baki minyak di atas api sederhana rendah. Tumis bawang sehingga lembut, kira-kira 2 minit. Tambah epal; masak 1 t0 2 minit lagi. Masukkan lada benggala, cili, rempah kering dan baki puri labu.

e) Kacau adunan ke dalam nasi panas. Sejurus sebelum dihidangkan, kacau dalam biji labu dan sesuaikan perasa. Membuat 8 hingga 10 hidangan.

95. Risotto berperisa oren

Hasil: 4 hidangan

bahan-bahan:

- 1 Bawang sederhana, dicincang
- 2 sudu besar Minyak sayuran
- 1 cawan beras perang
- 4 cawan Stok sayur
- 1 paun tauhu pejal, dipotong menjadi jalur
- 1 tin kecil air berangan, toskan dibilas & dihiris nipis
- ½ cawan Kismis
- 2 sudu teh Tamari
- 1 oren, dijus & diparut kulit
- 1 biji Kayu Manis
- 2 sudu besar pasli, dicincang
- Garam & lada sulah, secukup rasa
- 4 sudu makan Gajus

Arah:

a) Tumis bawang dalam minyak dengan api sederhana selama 2 hingga 3 minit, kacau sekali-sekala. Kacau nasi & masak selama 1 minit. Tuangkan stok, tutup & biarkan mendidih. Kecilkan api & reneh selama 40 minit.

b) Semasa nasi masak, campurkan tauhu, buah berangan air, kismis, tamari, kulit oren & jus. Masukkan kayu manis & pasli. Mengetepikan.

c) Bila nasi dah masak, masukkan adunan tauhu & panaskan perlahan-lahan. Perasakan dengan garam & lada sulah. Hidangkan panas-panas yang dihiasi dengan kacang.

96. Risotto pic & kismis

Hasil: 4 Hidangan

bahan-bahan:

- 2 pek pic beku dalam sirap
- Dicairkan (10 oz setiap satu)
- 4 sudu besar mentega tanpa garam atau
- Marjerin
- $\frac{1}{2}$ cawan kismis
- 1 cawan beras Arborio
- 2 sudu besar Rum gelap
- 2 sudu besar gula pasir
- $\frac{1}{2}$ cawan krim kental
- gula perang

Arah:

a) Toskan pic, simpan sirap. Potong pic menjadi kepingan $\frac{1}{2}$ inci. Dalam periuk sederhana, satukan sirap dengan air yang mencukupi untuk menyukat 4 cawan.

b) Biarkan hingga mendidih dan kekalkan dengan api yang sederhana rendah. Dalam periuk besar tidak reaktif atau kaserol kalis api, cairkan 2 sudu besar mentega dengan api sederhana.

c) Tambah currant dan masak selama 2 minit. Masukkan beras dan kacau selama 1-2 minit, sehingga disalut dengan mentega dan sedikit lut sinar. Masukkan rum dan masak sehingga ia sejat.

d) Masukkan $\frac{1}{2}$ cawan sirap mendidih dan masak, kacau sentiasa, sehingga nasi telah menyerap sebahagian besar cecair. Laraskan api jika perlu untuk mengekalkan reneh.

e) Secara beransur-ansur menambah sirap, $\frac{1}{2}$ cawan pada satu masa, masak, kacau sentiasa, sehingga beras adalah Tambah gula pasir, pic yang dikhaskan dan krim berat.

f) Teruskan masak, kacau dan tambah sirap seperti yang perlu, $\frac{1}{4}$ cawan pada satu masa, sehingga nasi lembut tetapi masih padat dan diikat dengan sos berkrim, 3-6 minit lebih lama.

g) Masukkan baki 2 sudu mentega dan hidangkan segera. Lulus semangkuk gula perang secara berasingan.

97. Risotto sitrus

Hasil: 2 hidangan

bahan-bahan

- ½ sudu besar minyak zaitun
- 1 ulas bawang putih
- ½ bawang
- ¾ cawan beras bijirin pendek
- 1 sudu kecil kulit limau parut
- 1 sudu kecil kulit oren parut
- ⅛ cawan jus lemon
- ¼ cawan jus oren
- 1¾ cawan sayur panas. stok atau air
- ½ sudu besar kulit oren yang dicincang
- ½ sudu besar kulit limau yang dicincang

Arah:

a) Panaskan minyak dalam kuali besar. Masukkan bawang putih dan bawang besar dan masak dengan api perlahan selama 2-3 minit. Kacau beras, pastikan bijirin bersalut dengan minyak.

b) Masukkan lemon parut dan kulit oren, jus, stok atau air.

c) Didihkan kemudian kecilkan api hingga mendidih.

d) Tutup dan masak selama 25 minit atau sehingga nasi empuk.

e) Letakkan nasi di atas tempat menghidang, dihiasi dengan gabungan kulit oren dan limau nipis yang dicincang.

f) Hidangkan segera

VIALONE NANO

98. Risotto dengan empat keju

Hidangan 4

bahan-bahan:

- 75g (3oz) mentega tanpa garam
- 5 sudu besar keju Grana Padano parut
- 1 biji bawang bersaiz kecil hingga sederhana, dikupas dan dicincang halus
- 40g (11/2 oz) Keju Fontina, dipotong dadu
- 350g (12oz) beras Vialone Nano
- 40g (11/2 oz) Keju Emmenthal, dipotong dadu
- Stok 1.2 liter (2 liter).
- 25g (1oz) Gorgonzola atau Dolcelatte
- Garam laut dan lada hitam yang baru dikisar

Arah:

a) Goreng bawang dalam separuh mentega selama kira-kira 10 minit dengan api yang sangat perlahan, atau sehingga bawang lembut tetapi tidak berwarna.

b) Kacau beras dan bakar bijirin dengan teliti pada semua bahagian, supaya ia menjadi legap tetapi tidak berwarna.

c) Masukkan senduk pertama stok panas dan kacau.

d) Kemudian teruskan seperti biasa, menambah stok, biarkan nasi menyerap cecair dan semua perisanya, kacau sentiasa.

e) Apabila nasi hampir sepenuhnya lembut dan berkrim, kacau semua keju dan baki mentega.

f) Rasa dan sesuaikan perasa, kemudian tutup dan rehatkan selama kira-kira 3 minit sebelum dipindahkan ke pinggan untuk dihidangkan.

BALDO RISOTTO

99. Risotto cendawan-Asparagus

Hidangan: 4

bahan-bahan

- 7 cawan air rebusan ayam atau sayur-sayuran
- Garam kosher
- 1/4 cawan minyak zaitun extra-virgin
- 1-1/4 cawan bawang merah cincang
- 2 sudu kecil. bawang putih kisar
- 7 oz. cendawan putih, kremini, tiram atau portobello, bertangkai, dibersihkan dan dicincang kasar (2 cawan)
- 12-1/4 oz. (1-3/4 cawan) Nasi baldo Turki
- 1/2 cawan wain putih kering
- 6 oz. lembing asparagus sederhana (kira-kira 10), dipotong dan dipotong pada pepenjuru menjadi kepingan 1 inci (1 cawan)
- 1 oz. Pecorino Romano atau Parmigiano-Reggiano, parut halus
- Lada hitam yang baru dikisar

Arah:

a) Masukkan sup dalam periuk 3 liter, tambah secubit garam, dan biarkan mendidih dengan api yang tinggi; kecilkan api untuk mengekalkan reneh.

b) Panaskan minyak dalam periuk 5 hingga 6 liter yang luas dan berat di atas api sederhana tinggi. Masukkan bawang merah, kecilkan api kepada sederhana, dan masak, kacau sekali-sekala, sehingga lembut dan lut sinar, kira-kira 3 minit. Masukkan bawang putih dan masak, kacau, sehingga lembut dan wangi, kira-kira 1 minit. Masukkan cendawan, naikkan api ke tinggi, dan masak, kacau kerap, sehingga lembut, kira-kira 2 minit. Perlahankan api ke sederhana, masukkan beras, dan masak, kacau selalu, sehingga nasi dibakar ringan, kira-kira 3 minit.

c) Masukkan wain dan masak, kacau, sehingga kebanyakannya diserap, kira-kira 30 saat.

d) Kacau kira-kira 1-1/2 cawan kuah reneh ke dalam nasi. Perlahankan api untuk mengekalkan reneh dan masak, kacau kerap, sehingga kebanyakan kuahnya diserap, kira-kira 1 minit. Tambah lagi 1-1/2 cawan sup dan masak, kacau kerap, sehingga kebanyakannya diserap, kira-kira 3 minit. Ulangi proses sekali atau dua kali lagi, rasa nasi setiap beberapa minit selepas penambahan kuah ketiga sehingga ia hanya segan untuk digigit tetapi tanpa bahagian tengah yang rangup, kira-kira 12 minit selepas penambahan kuah pertama.

e) Masukkan asparagus dan 1 cawan sup. Tutup, kecilkan api ke rendah, dan masak sehingga asparagus lembut-lembut dan nasi lembut tetapi dengan sedikit rintangan, kira-kira 5 minit. Keluarkan dari api dan masukkan keju. Tutup dan biarkan selama 5 minit. Perasakan garam secukup rasa dan hidangkan segera, tabur lada hitam.

f) Asparagus Black Peppercorns Cremini Mushrooms Bawang Putih Kosher Garam Minyak Zaitun

100. Risotto Bayam & Cendawan Bermusim

Hidangan 2

bahan-bahan

- 200 g beras Baldo Turki
- 150 g cendawan bermusim dibersihkan & dicincang kasar
- 1 biji bawang besar dikupas & dicincang halus
- 2 genggam daun bayam dicuci & dicincang kasar
- 1 ulas bawang putih dikupas & dicincang halus
- 1 Sudu besar keju parmesan parut halus
- 2 ketul mentega
- 1.5 liter stok ayam atau sayur
- 1 sudu besar minyak zaitun untuk dihidangkan - pilihan
- 1 sudu kecil cili flakes untuk dihidangkan - pilihan

Arah:

a) Pertama sekali, dalam periuk besar, masak stok anda sehingga mendidih dan kemudian biarkan mendidih dengan api yang rendah.

b) Dalam periuk berasingan, cairkan mentega anda dengan api sederhana dan masukkan bawang.

c) Goreng bawang anda perlahan-lahan selama beberapa minit sehingga ia mula berpeluh.

d) Sekarang masukkan bawang putih anda dan teruskan masak selama 2 minit lagi.

e) Apabila bawang telah mula lembut, masukkan beras anda ke dalam kuali bersama secubit garam dan kacau untuk menyaluti bijirin dalam adunan bawang dan mentega.

f) Sekarang masukkan cendawan anda, campurkan dengan nasi dan kacau perlahan-lahan selama satu minit.

g) Ambil senduk stok, masukkan ke dalam cendawan dan nasi dan kacau perlahan-lahan dengan senduk kayu sehingga cecair hampir sejat.

h) Sekarang ambil satu lagi senduk stok dan ulangi proses, kacau perlahan-lahan sehingga cecair menyejat.

i) Teruskan menambah stok, satu senduk pada satu masa, dan kacau sehingga hampir sejat.

j) Teruskan melakukan ujian rasa dan apabila nasi anda al dente dan anda mempunyai sos buih, risotto anda telah masak.

k) Keluarkan risotto dari api, tambahkan tombol mentega dan keju parmesan anda dan kacau ke dalam nasi.

l) Sekarang masukkan daun bayam anda, letakkan tudung pada kuali dan biarkan selama 5 minit.

m) Selepas 5 minit, keluarkan penutup, kacau dengan bayam layu dan hidangkan.

n) Jika suka, masukkan sedikit minyak zaitun dan taburkan cili flakes sebelum dimakan.

KESIMPULAN

Risotto sangat selesa tetapi elegan pada masa yang sama. Saya suka anda boleh membuatnya dengan hampir apa-apa jenis stok atau sup yang ada di tangan anda, kacau dalam apa sahaja sayur-sayuran yang anda suka, dan tambahkannya dengan apa-apa sahaja daripada udang panggang hingga potongan besar keju Parmesan.

www.ingramcontent.com/pod-product-compliance
Lightning Source LLC
Chambersburg PA
CBHW070501120526
44590CB00013B/710